JN158320

「共育」「特別支援教育」「大学連携」
三つの視点で学力向上！

山形県の小さな村から東京大学連続入学への軌跡

編著
三浦 光哉
山形県戸沢村教育委員会

ジアース教育新社

はじめに

皆様が本書を手にされたとき、「戸沢村は、どこにあるの?」とか、「共育（家庭と学校）や大学連携は学力と関係ありそうだけど、特別支援教育と学力は関係するの?」など、いろいろと、疑問を持たれた方もいることでしょう。実は、おおいに関連するのです。

全国の都道府県や市町村の教育委員会、あるいは各学校においては、学力向上は必須の課題となっています。また、毎年四月に小学校六年生と中学校三年生に実施される「全国学力・学習状況調査」では、その結果によって一喜一憂しています。学習成績だけがすべてではありませんが、学校は教科等を学習する場ですから、どの子供にとっても「わかる・できる」ようにしなければなりません。さらに、その結果が子供たちの進学や就職にあらわれたら、どんなに素晴らしいことでしょう。

山形県戸沢村出身者は、平成二十八年四月に一人、平成二十九年四月に二人と、二年連続で東京大学に計三人が入学しました。快挙です。私たち戸沢村の教育関係者にとっては、この上ない喜びであると同時に、この偉大な成果に「何が、どうして…」と驚くばかりで村じゅうの話題を独占しました。しかし、数年前から「もしかして、東京大学に入る子供が出るのでは？」と、その兆候は確かにあったのです。

戸沢村は、山形県北部にあり、人口約四七〇〇人、幼児児童生徒数三九〇人です。東京大学に入学した三人の小学校時代には、保育所四所、小学校四校、中学校二校が設置されていました。しかし、現在では過疎化が急激に進み、保育所一所、小学校一校、中学校一校となってしまいました。中学校では、一学年二クラス約六十人から一クラス約三十人に減少しました。しかし、それでも、国立大学や有名私立大学に毎年入学しています。

いったいなぜ、この小さな村から、これだけの大学進学ができるのでしょうか？

それは、戸沢村がこれまで力を入れてきた、**「共育」「特別支援教育」「大学連携」**がその保育・教育の中核にあり、それがシステム化され、継続してきたことが、着実に成果となってあらわれてきたからだと確信しています。筆者は、これを**「学力向上の三本の戸」**と呼んでいます。戸沢村の「戸（Ｄｏｏｒ）」は、

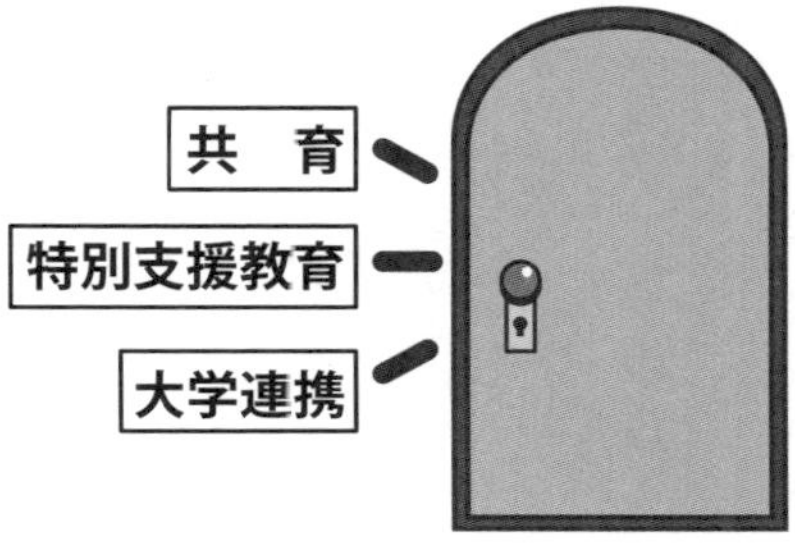

建物や家の出入り口のことを意味します。これを教育に言い換えれば、教育のスタートとゴールのことです。戸沢村が三本の戸（共育・特別支援教育・大学連携）をスタートさせ、それが実を結んでゴールにまで辿りついたのです。

「共育」は、平成十一年度から導入してきた、学校と地域社会とが一緒になり共に子供を育てる地域社会教育のことです。「特別支援教育」は、平成十九年度から導入してきた、すべての子供に対する手厚い教育支援・教育環境整備のことです。「大学連携」は、平成十八年度から山形大学フィールドワークを戸沢村で実施したり、小・中学校での授業研究に山形大学の教授が参加して指導・助言を行って教科学習等の授業改善をしていることです。この三本の戸（共育・特別支援教育・大学連携）は、全国の地域でも取り組んでいるといわれるかもしれませんが、その内容と実践は、全国に類を見ないほど画期的な取り組みです。しかも、これがシステム化されているので、人（担当者）が代わっても毎年同様に継続され進歩し続けています。そして、その実践の成果が飛躍的に見られているのです。

学校教育の中で、「学力を伸ばす」「生きる力を育てる」「豊かな人間性を養う」といったテーマは、何年も前からずっといわれ続けてきました。しかし、それを真摯に受け止め、革新的・

先駆的な取り組みをしてきている市町村は、全国に果たしてどれだけあるでしょうか。

戸沢村は、十八年前から新たな実践に取り組んできました。すなわち、東京大学に入った学生が生まれた年から「共育」が始まり、小学校入学後から「特別支援教育」と「大学連携」が始まったのです。着実な実践が成果となって実を結んできました。小・中学校の「全国学力・学習状況調査」等で成績優秀だからといって、その後に継続できなければ意味がありません。派手なパフォーマンスはいりません。一歩一歩、子供たちの能力・特性を明確に伸ばす保育・教育が重要であると考えます。今回、この成果を全国の教育関係者や保護者の皆様にご紹介したいと思い、筆を執りました。

教育関係者の皆様には、当たり前ながらも新たな視点である「共育」「特別支援教育」「大学連携」をいかにシステム化させて機能させるかのヒントになればと願っております。一方、保護者の皆様には、家庭でできること（家庭教育力）、保育所や学校と協力していかなければならないことを改めて考えていただければ幸いです。

三浦　光哉

平成三十年三月七日

発行によせて

平成二十九年三月三十一日に、幼稚園教育要領、小学校及び中学校学習指導要領の公示、続く、同年四月二十八日に特別支援学校幼稚部教育要領、同小学部・中学部学習指導要領が公示されました。

新しい学習指導要領等は、小学校では、二〇二〇年から、その十年後の二〇三〇年頃までの間、子供たちの学びを支える重要な役割を担うことになります。今般の改訂では、二〇三〇年頃の社会の在り方を見据えながら、どのような力を子供たちに身に付けることが必要なのか、子供たちの学び方にも着目し、学習者である子供たちの視点から審議され、答申がまとめられている特徴があります。

改訂のキーワードには、「育成を目指す資質・能力の明確化」「子供たちの調和的な発達をどのように支援していくのか」「社会に開かれた教育課程の実現」、そして、これらのことを実現していくために、「カリキュラム・マネジメント」の充実を図っていくことなどがあげられます。

本書は、これら新しい学習指導要領等のキーワードを具体化していく際に、参考となる先駆的な取組が網羅されているといえます。

例えば、戸沢村で推進する様々な教育施策は、地域と学校がどのように協働していくのか、そのモデルとなりますし、大学研究者を活用した組織的な授業研究会は、人的な資源を学校の教育活動にどのように生かしていくのかなど、多くの地域・学校で、新しい学習指導要領等の具体化に向けて参考となる内容といえるでしょう。そして、子供たちの調和的な発達の面からは、子供たちを大切に育てていく基盤として、特別支援教育を柱としています。特別支援教育の理念には、「子供たち一人一人の教育的ニーズを把握し、その持てる力を高め」という一文があります。子供たちがどのように学び、どのような力をつけていくのか、もし、学びにくさがあるとすればどのような要因があるのかなど、子供たちの実態を多面的に把握し、適切な指導目標を設定していくことが重要です。その際に、特別支援教育の視点は必須であり、このことにより教育活動全般にわたる質的な深みが得られるようになります。

特別支援教育が位置づいた平成十九年は、全国学力・学習状況調査が悉皆により開始された年でもあります。本書のメッセージでもあるように、学力向上には、特別支援教育の充実が基盤になっていることを多くの方々と共有できることが、子供たち一人一人の可能性を最大限に引き出していくことにつながっていくと考えています。

文部科学省初等中等教育局視学官　**丹野　哲也**

目次

3 保育所の実践……40

Door.4

戸沢村の教育施策と取り組み

Door.5 「共育」システム

Door.6 「特別支援教育」システム

＊ Door. 1 ＊

戸沢村とは、どんなところ？

1　戸沢村の紹介

山形県戸沢村は、山形県北部・最上地方に位置する丘陵地にあり、人口四七〇〇余人の小さな村です。面積は、約二六一㎢で八十三％が山林原野で占められています。村の中央を最上川が流れ、川下りでは日本最大の規模である「最上川舟下り」が「プロが選ぶ観光船」で第一位を獲得する風光明媚な地域です。村の産業は、農業・林業の他、「道の駅とざわ」で韓国食品を販売するなど、製造業も盛んです。また、共助の精神により、日本で初めて「国民健康保険」のシステムを整えた先進的な自治体でもあります。

戸沢村の教育政策はとても独特なものがあり、平成十一年度には、指導主事と社会教育主事を兼ねる全国初となる「学社融合主事」の職員が配置され、続いて、平成十六年度には、地域と学校が共に子供を育成するという意味で「**共育課**」の部署が創設されました。

村の人口は年々少子高齢化の一途をたどり、ピーク時の一万人弱から半減しています。超少子高齢化社会を目前と

して戸沢村は、全国に先駆けて次世代育成に取り組んできた自治体です。

村のシンボルテーマは、「自立・活力・協働による元気な村の創造」というキャッチフレーズで、豊かな自然の中で住民が生き生きと生活しています。

2　戸沢村の保育・教育施設

東京大学に入学した三人の幼少期には、保育所四所（戸沢、古口、神田、角川）、小学校四校（戸沢、古口、神田、角川）、中学校二校（戸沢、角川）ありました。三人は、戸沢地区と古口地区の出身です。しかし、少子化の進展により、二人が中学校三年生の平成二十五年度には、小学校と中学校が各一校ずつに統合されました。四つの小学校が統合されたことにより、平成二十九年度には、すでに新校舎で授業を開始していた戸沢中学校に隣接して小中一貫校の戸沢小学校が開校しました。学校は「戸沢学園」という愛称も用い、戸沢中学校の校長が戸沢小学校の校長を兼務する体制となっています。図1と表1には、三人が歩んできた時代の学校の統廃合と戸沢村の教育の変遷（共育・特別支援教育・大学連携）を示しました。

平成二十九年五月一日現在で、戸沢小学校には、計一七六人（第一学年二十六人、第二学年二十九人、第三学年二十八人、第四学年二十六人、第五学年三十五人、第六学年二十七人、特別支援学級〈知肢病情〉五人）、戸沢中学校には、計一〇五人（第一学年三十人、第二学年三十六人、第三学年三十八人、特別支援学級〈知的〉一人）が在籍しています。

一方、保育所四所には、計一〇九人（五歳児三十一人、四歳児二十六人、三歳児二十人、二歳児二十六人、一歳児六人）が入所しています。平成三十年度には一カ所に統合され、保小中の保育・教育施設が一カ所に集約されることとなります。そして、平成三十二年度には一貫教育校戸沢学園（保・幼・小・中）として完結する予定です。

戸沢村には高等学校がありません。そのため、中学校卒業後は、近隣の県立や私立の高等学校、県立の特別支援学校高等部や高等特別支援学校に進学します。地元に高等学校がないために、子供たちは「村から出て」、自分のめざす進学先を早い時期から目標設定する傾向にあります。東京大学に入学した三人も「志を高く持って」、隣接市の進学校である県立新庄北高等学校と、遠く離れた山形市にある県内随一の進学校である県立山形東高等学校をめざし、高校時代を過ごしたようです。

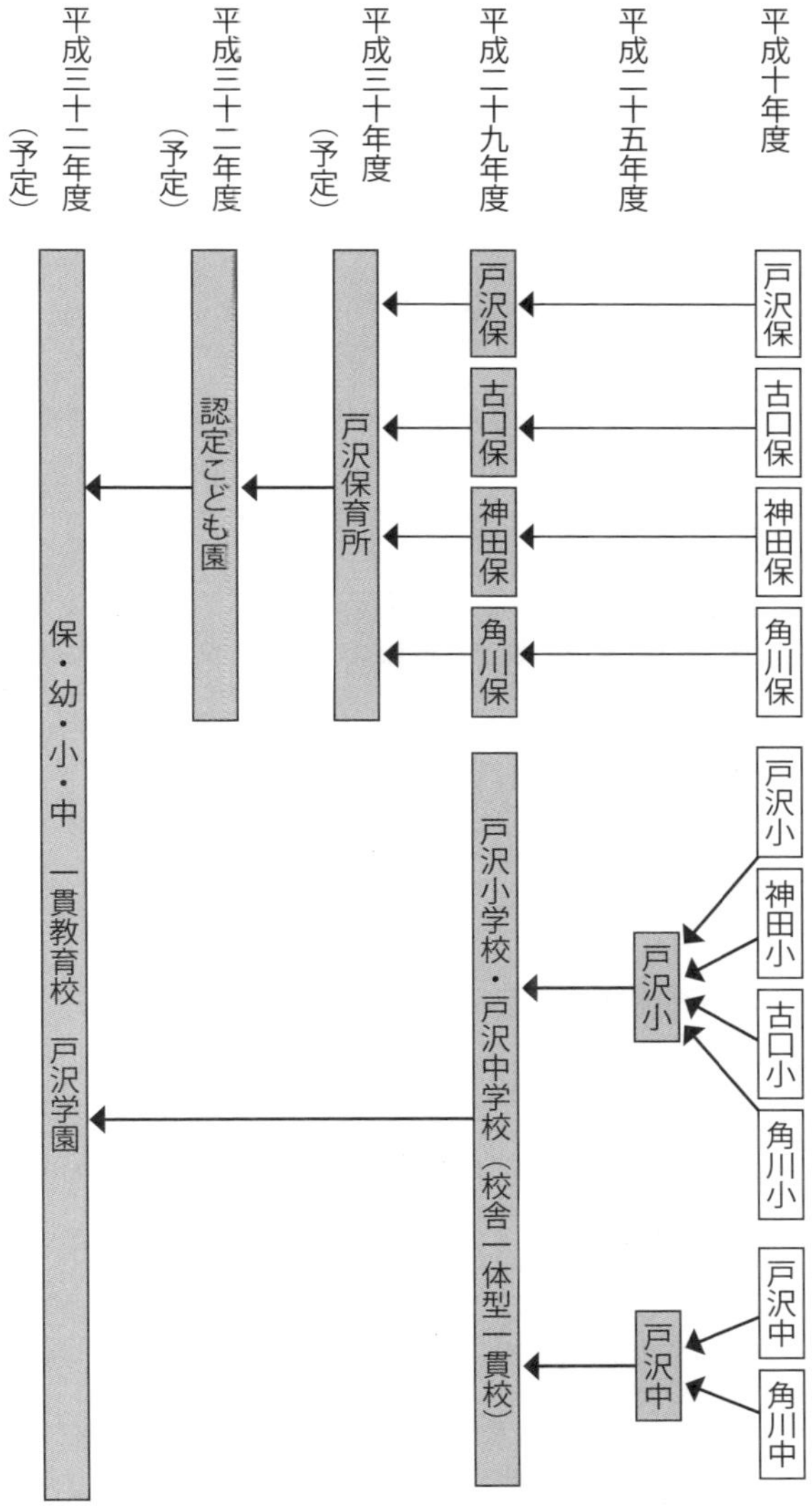

図1　戸沢村における保育・教育施設の変遷

表1　戸沢村の教育年表

年度	平成29年度の東大入学生の学年	戸沢村の教育変遷 （●共育、◆特別支援教育、■大学連携）
10	誕生	
11		● 共育がスタート、「**学社融合主事**」の配置 ● 戸沢中学校が「地域の学校づくり推進事業」を県教委より委嘱 ・角川小学校と角川中学校が併設校となる
12		●「地域の学校づくり推進連絡協議会」と「地域の学校づくり委員会」が設置 ■「学びの共同体」の理論と哲学に基づいた授業研究がスタート
13		
14	年少３歳児	● 古口小学校で「通学合宿」がスタート
15	年中４歳児	
16	年長５歳児	●◆ 教育委員会内に「**共育課**」を創設
17	小学１年生	● 角川小・中学校が「**博報賞、併せて文部科学大臣奨励賞**」を受賞 ■エリアキャンパスもがみ「戸沢村推進事業」がスタート
18	小学２年生	◆ 神田小学校で県内初の特別支援教育公開研究会 ■山形大学フィールドワークがスタート
19	小学３年生	◆ 神田小学校で巡回相談スタート ◆ すべての保小中で巡回相談がスタート
20	小学４年生	
21	小学５年生	
22	小学６年生	◆ 就学時健診で保護者講演会がスタート（毎年） ◆ 特別支援教育講座（初級）がスタート
23	中学１年生	◆ 特別支援教育講座（中級）がスタート
24	中学２年生	◆ 特別支援教育講座（上級）がスタート
25	中学３年生	◆ 日本特殊教育学会の自主シンポジウムで教育委員会が話題提供（戸沢村の特別支援教育システム） ・４小学校が統廃合し「戸沢小学校」となる ・２中学校が統廃合し「戸沢中学校」が改築される
26	高校１年生	
27	高校２年生	● 戸沢小学校放課後子ども教室が「**文部科学大臣表彰**」を受賞
28	高校３年生	● 戸沢小学校が「**教育奨励賞（優良賞）**」（時事通信社）を受賞
29	大学１年生 （東大入学）	・戸沢小学校が戸沢中学校の隣に改築移転し併設校となる

＊平成28年度の東大入学生は、教育変遷が１年前倒しになります。

* Door. 2 *

戸沢村の教育成果

1　高等学校から大学進学へ

戸沢村には高等学校や高等教育機関が設置されておらず、生徒たちの中学校卒業後の進路先は全員、村外となります。そのため、生徒たちには多様な進路選択に迫られます。その中にあって学力の高い生徒たちは、新庄市内や山形市内にある大学進学校の高等学校を選択します。東京大学に入学した三人は、二人が新庄市内、一人が山形市内の高等学校に進学しました。そこで、順調に成長していったようです。

戸沢村出身の生徒は、ここ数年、東北大学、北海道大学、千葉大学、新潟大学、山形大学、早稲田大学、日本大学など国立大学や有名私立大学に入る生徒が少なからずいます。それは、村外へ出なければならないといった自立心が幼少期から芽生えること、そして、後述する「大学連携」（Ｄｏｏｒ．７）により、山形大学の学生が戸沢村に来て子供たちと一緒に活動することで「一種の、大学生へのあこがれ」を持つことも要因の一つであると考えます。

ポイント

① 小学生から、「大学生へのあこがれ」を持つ。
② 中学生になると、地域を出るといった「自立心」を持つ。

2　学力の向上をめざす

特別支援教育元年の平成十九年から始まった小学校六年生と中学校三年生を対象とした「全国学力・学習状況調査」は、その結果次第で教育関係者が一喜一憂します。ついには、知事や教育長等が「要因の徹底調査！」「学力向上プランの策定！」「学力調査結果の公表！」など教育現場にも鉄拳を下すことさえあります。

山形県全体では、ここ数年、全国平均よりも高い位置にありました。しかし、平成二十九年度は、全国平均を下回りました。特に、国語と算数・数学の「B問題（応用）」が難しかったようです。しかし、戸沢村の学力調査の結果は、ここでは公表できませんが、全国平均よりも高い結果となりました。「B問題（応用）」は、文章読解や思考力が問われます。戸沢村では、日々の授業において、自分の意見と他人の意見を比較するなど、従前から探求型の学習や協同のまなびの学習を取り入れています。

一方、村独自の学力テスト（NRT：教研式標準学力検査、図書文化社）は、小学校二年生～六年生、中学校一年生～三年生で実施しています。各教科で偏差値五十が全国平均ですが、戸沢村では、それ以上の成績をコンスタントに残すことができるようになってきました。これは、子供たちの基礎的な学力が定着していることを表しています。その支えとなっているのが、「共育」の考え方であり、「特別支援教育」のシステムであり、「大学連携」による授業改善と考えています。つまり、「三本の戸」が浸透し、効果が出ていると思われます。このことについては、後で詳しく説明します。

ポイント

① 毎年、独自の学力テストを実施することで、自分の実力を知る。
② 全国学力・学習状況調査の「B問題（応用）」の対策（探求型の学習、協同の学び）をする。

3　不登校数、いじめ認知数、不良行為の減少

年間計三十日以上の欠席による不登校数は、全国的にみると平成十三年度をピークに減少してきましたが、平成二十五年度より一転してまた増加傾向にあります。一向に改善の兆しが見えません。平成二十八年度、小学生が三万一一五一人（出現率〇・五％）、中学生が十万三二四七人（出現率三・〇％）です。

戸沢村では、特別支援教育がスタートした平成十九年度以前には十名弱の不登校がいましたが、それにもまして不登校傾向や別室登校が少なからずいました。しかし、システムが整ってきた六年後（平成二十五年度）、つまり、小学一年生が中学一年生に進学した時期から不登校数は〇～二人で推移し継続しています（表2）。何より、別室登校がなくなりました。戸沢中学校の不登校出現率は、〇・九五％ですから全国平均（二・八〇％）よりもかなり下回っています。これは、中学生が専門家チームの定期的なスクリーニングで、将来、不登校になると思われる子供を予想し（内向性の自閉気質、心身の不安、神経質、発達障害の疑いがある等）、登校しぶりが見られ、欠席が七～十日程度の時点で、専門家チーム・教育委員会・学校・家庭が一同に会し、「本人参加型の不登校予防会議」を実施します。また、すでに不登校になっている子供には、「本人参加型の不登校改善会議」を実施して、本人の意思によ

る不登校の予防・改善を促していきます。この予防会議や改善会議の手法については、『「本人参加型会議」で不登校は改善する！』（三浦光哉編著、二〇一四年、学研）を活用しています。これまでの多くの手法が本人不在の話し合いで功を奏しないことから、本人を中心に据えた話し合いによる新しい試みです。これまで、四人に実施し、予防・改善をしてきました。

一方、いじめ認知数は年度により増減していきます（表3）。平成二十九年度の中学校は皆無でした。戸沢村の子供たちは、幼少期からずっと同じメンバーで中学校卒業まで生活します。したがって、いじめは、昔でいう「村八分」になりますので見逃すことはできません。不登校同様に早期に対応します。

不登校やいじめの問題は、その要因が複雑で根

表2　戸沢村の不登校数の推移

	平成20年	平成21年	平成22年	平成23年	平成24年	平成25年	平成26年	平成27年	平成28年	平成29年
小学生	290 (0)	271 (0)	244 (0)	236 (0)	225 (0)	217 (0)	196 (0)	188 (0)	180 (1)	176 (1)
中学生	166 (1)	176 (2)	158 (2)	147 (1)	120 (3)	114 (1)	123 (0)	124 (1)	122 (1)	105 (1)

＊上段は児童生徒数、下段（　）内は不登校数

表3　戸沢村のいじめ認知数の推移

	平成20年	平成21年	平成22年	平成23年	平成24年	平成25年	平成26年	平成27年	平成28年	平成29年
小学生	−	−	−	0	0	1	2	6	4	2
中学生	−	−	−	0	0	1	0	5	2	0

が深いものもありますので、専門家の指導を受けながら早期に理論的に対応することが重要であると考えています。

刑法犯少年（窃盗、暴行、恐喝、専有離脱物横領）、不良行為少年（喫煙、飲酒、無断外泊）といった軽犯罪については、皆無です。

ポイント

① 不登校対策では、専門家チーム・教育委員会・学校・家庭が一同に会し、「本人参加型の不登校予防会議」や「本人参加型の不登校改善会議」を実施する。

② 専門家の指導を受けながら、不登校やいじめの問題を理論的に対応する。

4　教育表彰と学会発表

(1)　博報賞（併せて、文部科学大臣奨励賞）の受賞

「戸沢村が「共育」をスタートしたのは、平成十一年度からです。「共育」の取り組みの具体的な内容は、Ｄｏｏｒ．５で述べますが、この教育実践の成果として、平成十七年度には、併設校の角川小・中学校が博報財団から「小規模複合校における『地元学』『通学合宿』など地域と一体となった多彩な体験教育」により、第三十六回博報賞（併せて、文部科学大臣奨励賞）を受賞しました。

角川小・中学校は、「共育」がスタートした年に併設校となったのです。正に、教育実践七年目にして快挙です。審査委員からは、『散策会、観察会、ものづくり塾、郷土料理講習会等の様々な体験活動、小・中合同の「通学合宿」、情報教育の取り組み等、小・中併設校の利点と地域の自然を生かした活動が縦横に進められている。また、それらは地域にとどまらず、他県の人との関わりにまで広がりを見せている。地域文化の継承と創造を進める「ふるさと学習」として高く評価できる。』と評されました。

(2) 文部科学大臣表彰の受賞

平成二十七年には「戸沢小放課後子供教室」が、優れた「地域による学校支援活動」推進にかかる文部科学大臣表彰を受けました。

平成十四年度から始まった「戸沢流通学合宿」が高く評価されたことによります。通学合宿は、以前から社会教育事業もしくは青少年事業として全国各地で展開されてきましたが、なかなか継続した事業に至らないというのが実状でした。しかし、戸沢村では十四年目を迎えた平成二十七年度、十カ所十三地区で実施することができました。継続性の最大の要因は、地域の方々がその意義を認め、各地区で実行委員会を組織し、地区会ぐるみでバックアップしていく体制づくりが確立しているからです。「地域の子供は地域で育てる」という意識が浸透していることがわかる、価値ある受賞となりました。

(3) 教育奨励賞（優良賞）の受賞

平成二十八年十月、戸沢小学校が、創造性に富む特色ある教育で顕著な成果を挙げた学校に贈られる、第三十一回時事通信社「教育奨励賞」優良賞を受賞しました。

戸沢小学校は、統合前の平成十三年頃から地域社会に根ざした取り組みを行ってきています。その中でも、小学校三年生から中学校三年生までの七年間、地域の方々と共に村の自然や伝承文化等について学ぶ「地域共育カリキュラム」と、児童が地区の公民館に宿泊してその場から通学することで社会性と自主性を育む「通学合宿」といった二つの取り組みが高い評価を受けての受賞となりました。

(4) 日本特殊教育学会で話題提供

戸沢村教育委員会では、特別支援教育をスタートしてから七年目の平成二十五年九月に、六年間にわたる特別支援教育の取り組みの成果について、第五十一回日本特殊教育学会の自主シンポジウムにおいて、「乳幼児期の早期療育システムと小・中学校の特別支援教育システム」というテーマで話題提供をしました。日本特殊教育学会は、特別支援教育（障害児教育）の学会の中で最も古くから創設され権威があります。

ちょうど、平成二十九年四月に東京大学に入った二人が中学校三年生の時で、小学校高学年から中学校までの特別支援教育の取り組みや、学力向上、不登校の激減、いじめの減少などについて述べました。学会終了後には、全国から問い合わせがあり、学校視察も受けたほどです。

ポイント

① 「継続は力なり」、誰かがどこかで評価してくれる。
② 賞に値するかどうかは、その斬新な取り組みと、その成果で決まる。

* Door. 3 *

戸沢村の保育施策と取り組み

1 健康福祉課・共育課の保育施策

(1) 将来を見据えた保育の考え方の転換

戸沢村の幼児教育担当課は健康福祉課ですが、共育課も特別支援教育の面で協働しています。戸沢村には、旧小学校区毎に認可保育所である戸沢保育所・古口保育所、へき地保育所である神田保育所・角川保育所と四つの保育所があります。「未来に向かって力強く前進できる子供を育成する」という保育目標を掲げ、地域の実状に合わせた保育活動を行ってきました。例えば、豊かな自然の中で、沼でメダカやザリガニを捕まえる、除雪で山になった雪山を使ってのソリ遊びをする、地域のお年寄りと一緒に「なし団子」づくりをするなど、子供たちは四季を感じながら地域の人々との交流の中で成長してきました。

しかし、年々、出生数が低下し年間二十人台まで落ち込む中、へき地保育所では年齢別の保育ができない状況になってきました。次世代を担う子供たちの健やかな成長を支援する対策が課題となり、また、保護者の就労形態の多様化や様々な保育ニーズに対応し、子育てしやすい環境づくり、子供を安心して産み育てることができる環境の整備が必要となりました。

そこで、平成二十三年に「戸沢村保育所再編検討委員会」が設置され、各保育所での保護者懇談会等を実施するなど検討を重ねた結果、〇歳児からの受け入れや早朝・延長保育の充実などの要望を踏まえ、平成三十年四月から四つの保育所を統合して新・戸沢保育所を開所することにしました。また、新・戸沢保育所は保小中の連携を強化するために、校舎一体型一貫教育校となっている戸沢小・中学校に隣接する場所に建設することになりました。

平成二十九年度に保育所に入所している子供の詳細をみると、三世代同居率七十五％、一人親世帯八・九％、早朝保育利用者二十六・二％、延長保育利用者三十八・八％となっています。三世代同居率は高いものの、祖父母の就労率（農業含む）も高く、また、保護者の勤務時間の多様化のための理由だけでなく、近所に子供が少なく遊べないことや早くから集団生活に慣れさせたいという理由もあり、一歳児で三十一・二％、二歳児で九十二・九％、三歳児以上では一〇〇％入所しています（表４）。

さらに、各家庭においては、子供を保育所に長時間預けることにより、子供と関わる時間がとれない、ＴＶゲームやパソコン・スマホ等を使って遊ばせて子供の変化に気づきにくくなっている状況が推測されます。

これらの現状と課題を踏まえ保育所では、「子守り・預かり保育」といった受け身の考え方から、「時代や子供の変化に素早く対応できる質の高

表４　保育所の入所数の変遷　（人）

	1歳児	2歳児	3歳児	4歳児	5歳児	合　計
平成29年度	6	26	20	26	31	109
平成28年度	16	17	24	31	27	115
平成27年度	10	17	27	27	28	109
平成26年度	13	15	25	28	29	110

い保育」をめざすことにしました。そこで、真っ先に取り組んだのがすべての子供を対象とする特別支援教育の考え方の導入です。

(2) 特別支援教育の導入で保育の質の向上

保育所には、これまでも障害児が入所していたので専任の人的配置をしていました。しかし、その考え方や指導の仕方は研修する機会も少なく、過去の経験をもとにした対応となっていました。それが、平成十九年度から特別支援教育システムが整い、専門家チーム（大学教授、共育課長、学社融合主事、保健師等）による「すべての子供を対象とした巡回相談とスクリーニング」で一気に保育の質が高まりました。

スクリーニングは、早ければ一歳から実施し、七段階のレベルで障害の有無を見極めていきます。このことにより、気になる子供や障害等の早期発見・療育が可能になるとともに、保育士の自信につながり、困難

おゆうぎ会

になっていることへの対応や障害等の改善、保護者に対しての説明ができるようになりました。また、五歳児（年長）では、就学時健診の他に専門家チームによる一人ずつの面接を実施しています。ここでは、小学校に入学する前に、平仮名の読み書き（国語）、数唱や数の対応（算数）、お絵かき（生活）、言葉の発音の実態を調査します。例えば、平仮名や数字が読めない等の子供がいれば、その面接の様子を実際に保育士や保健師が見ているので、その事実を保護者に伝え、入学するまでに可能な限り改善するように促しています。また、発音不明瞭になっていれば、早めに「ことばの教室」に通うことを勧めます。

保育士は、専門家チームの巡回相談とスクリーニングにより、子供の特性・気質や対応の仕方を学び、助言を受けることにより、子供一人一人のニーズに応じた支援に対する意識が高まりました。また、発達障害児の対応に悩む保育士の力となりました。平成二十五年度からは、「保育士全員研修会」に参加して言葉の発達や発達障害についての正しい知識や対応を学んでい

保育士研修会

ます。各保育所では、小学校入学後に、不適応を起こさないようにするために、『小1プロブレムを防ぐ保育活動』（三浦光哉編著、二〇一三年、クリエイツかもがわ）や『5歳アプローチカリキュラムと小1スタートカリキュラム』（三浦光哉編著、二〇一七年、ジアース教育新社）を参考に保育活動に取り組み始めました。

一方、保護者に対しては、平成二十三年度から七年間継続して、就学時健診の待ち時間を利用しての「保護者講演会～小学校の入学に向けて～」を実施しています。保護者の障害理解を得たり、子育ての在り方など、子育てを学ぶ機会を設けています。

特別支援教育は、「障害児のための教育（保育）」ではありません。すべての子供に対する教育（保育）です！

ポイント

①すべての子供を対象とした専門家チームによるスクリーニングを一歳から実施する。
②五歳児（年長）には、ことば（国語）、かず（算数）、お絵かき（生活）の実態調査をして、知力面で遅れている子供の保護者に伝えて改善していく。
③「保育士研修会」を実施して、言葉の発達や発達障害について学ぶ機会を設ける。
④小学校入学後の不適応を防ぐ「小1プロブレム保育活動」を実施する。
⑤五歳児（年長）の「保護者研修会」を実施して、子育てや小学校入学準備について意識付けをする。

2 保育所がめざす幼児の保育

(1) 保育所の理念

戸沢村には四つの保育所があります。保育所の理念・方針・目標・指針の概要は、以下のとおりです。

〈保育理念〉「一人一人の子供を大切にして楽しく安心できる保育をめざして」
〈保育方針〉「未来に向かって力強く前進できる子供を育成する」
〈保育目標〉「丈夫な身体、明るくやさしい素直な子、皆と仲良く遊べる子」

一歳児…安心できる保育者との関係の中で自分でしようとする気持ちが芽生える。

二歳児…衛生的で安全な環境で心身共に快適な生活を送る。

三歳児…保育者や友達と遊ぶ中で、自分のしたい事、言いたい事を言葉や行動で表現する。

四歳児…保育者や友達と一緒に遊びながらつながりを広げ、集団としての行動ができる。

五歳児…生活や遊びの中で一つの目標に向かい、力を合わせて活動し、達成感や充実感をみんなで味わう。

〈保育指針〉養護→生命の保持、情緒の安定
教育→健康、人間関係、環境、言葉、表現
食育→食育を営む力の基礎

雪あそび

この他、交流を深めるために、年五回程度の保育所開放、小・中学生との交流（保育所訪問、小学校訪問、中学校訪問）を実施しています。

(2) 保育の現状と課題

平成二十七年四月に子供・子育て支援制度が施行され三年目を迎えようとしています。戸沢村の保育所では、現在、四施設中、三施設が人数不足のため、クラス毎組分けができず、縦割り保育を行っています。国が掲げている保育の「質的拡充」と「質の向上」が求められている中、子供同士の関わりの大切さに問題意識を持ち、小学校生活にスムーズに入れるようにと年二回、四つの保育所の五歳児（年長）が中央公民館で合同保育を実施し、ふれあい交流をしています。

もう一つの大きな課題として、加速するメディア接触の「長時間化」「低年齢化」があります。多くの家庭では、携帯、パソコン、タブレットを所持し、子供とメディアとの接触は避けられない環境にあります。そのため保育所では、二歳児からタブレットに触れる現状に危惧し、体を使う伝承遊び・絵本・紙芝居等の保育活動を通して、保育士の顔と声をしっかり見聞きできるようにしています。保護者には、「メディアが子供の脳に悪影響を与える」ことを強く伝えていく必要があります。その対策として、戸沢村では、年一回、保小中が連携して「ノー

「メディアデー」を実施しています。今後も保護者に危機感を知らせ、しっかり気づかせていく必要があります。

(3) 特別支援教育と早期支援体制

毎日の保育の中で保育士は、一人一人の子供たちの発育を把握し、成長を見守り育てていくことが大切です。発達の遅れは、家庭環境にも大きな影響を与えていることが多く、「乳児健診」「一歳六か月健診」「三歳児健診」「四歳児健診」「就学時健診」では、保健師や学社融合主事等からの結果報告を受け、指導や配慮の必要とされる子供についての話し合いを行っています。また、四歳児（年中）では専門医による発達年齢チェック、五歳児（年長）では専門家チームの面接による平仮名の読み書き（国語）や数唱や数の対応（算数）、お絵かき（生活）の実態調査を行っています。

保育所では、平成十九年から特別支援教育システムが整い専門家チームによる定期的な巡回相談やスクリーニングが始まりました。これにより、障害の有無を見極め、

専門家チームによる３歳児面接

言葉の遅れや発達の遅れ等を早期に発見し、早期に支援体制を組むことができるようになりました。また、保育士も専門的で的確な指導や助言を受けられるようになりました。そして、保護者にも明確に発達の遅れや困難性を伝えることができるようになりました。

また、学校との連携については、特別支援教育推進委員会（教育長、共育課長、小・中学校の校長・教頭・特別支援教育コーディネーター・特別支援学級担任・養護教諭、教育委員会学社融合主事、保健師、保育所長）を年三回実施して、子供の様子を伝えたり今後の指導や対応を検討しています。

(4)「共育」で大切にしていること

幼児期においては、家庭との連携がとても重要となります。保護者の中には、子育てで悩んでいたり、保護者自身が様々な問題を抱えている方もおられます。このようなことから、平成二十三年度から五歳児（年長）の保護者向けに専門家チームが「講演会」や「発達相談」を継続しています。

保育所では、子供一人一人が健やかな成長と安定した生活を送り、能力や特性を最大限伸ばし、そして、個性豊かに自信と夢を持って生活できるように願っています。

ポイント

① 「乳児健診」「一歳六か月健診」「三歳児健診」「四歳児健診」「就学時健診」と五回の健診を実施し、その結果から早期に支援体制を確立していく。

② 保育士が専門家チームからの専門的で的確な指導・助言を受ける。

③ 保護者に対して、子育てや小学校入学に向けての「講演会」、成長・発達に不安を抱えないための「発達相談会」を実施する。

④ 学校との連携については、「特別支援教育推進委員会」を年三回程度実施して、詳細に連絡する。

3　保育所の実践

(1)　困った子ではなく、困っている子

戸沢村の四つの保育所では年二〜三回、専門家チームの巡回相談とスクリーニングがあり、指導・助言を受けています。

特別支援教育システムが整っていなかったときには、「なぜ、この子は指示が通らないのか？」「どうしてこの子は同じことを繰り返してしまうのか？」など、日々悩むことが多くありました。しかし、専門家チームの巡回相談とスクリーニングが始まると、試行錯誤する中で、「適切な配慮」というものの重要性を感じるようになりました。子供たちの様々な特性や気質を専門家チームに指摘され、それを踏まえながら日々の「どうして？」と照らし合わせることで保育を見つめ直し、「適切な配慮」を考えるようになりました。

子供たちの中には、こだわりが強く興味があることだけに集中し他に目がいかなくなる子、偏食があり苦手な食べ物を見ることもできない子、落ち着きがなくルールを守れない子、変化に対応できずにパニックになる子、言い合いが絶えず感情的な子、細かい作業が苦手で身支度が苦手な子、文字や数字に興味関心を持たない子など、〝困り〟を抱えている子供も少なからずいます。このような子供たちは、誰よりも本人が一番困っており、悩んでいること

に気づきました。

(2) 〝困り〟に対応した適切な支援

子供たちの〝困り〟を改善するために、専門家チームの指導・助言を受けながら様々な取り組みを始めました。身支度ができない子に対しては、手順を写真に撮り、ファイルにまとめました。登園すると、自分でそれを出し、手順を見ながら身支度は一人でできるようになりました。体の動きがアンバランスで、なかなか踊れなかった子に対しては、フレーズ毎に動きを止めてポーズとして教えると、踊っているように見えるようになりました。こだわりが強い子には、「どうにか止めさせたい」「違うことに目を向けて欲しい」と思っていましたが、「こだわりには、こだわるな！」とアドバイスをいただき、すごく気持ちが楽になりました。そこで、そのこだわりを逆手にとって遊びを広めていきました。すると、今までその子に対して興味を示さなかった子供たちが「すごい！」と認め、子供同士でのやり取りが増え遊びの輪が広がりました。一人の世界から人と関わる世界へ広がって

おゆうぎ会の練習

いくことを実感した事例でした。

行動面での適切な配慮は、様々な形で知ることができ、試行錯誤しながら個々にあった支援・援助をしていますが、内面への適切な配慮はなかなか難しいと感じています。「どうせできない」「嫌い」「やりたくない」など否定的な感情のときには、励ましや声掛けも工夫が必要です。肯定的な声掛けやスキンシップを多く持つことで子供が安心して活動に取り組める環境づくりを心がけました。すると、偏食の多い子供は、家では食べないが保育所では苦手なものも食べてみようと自発的な意識が生まれました。できたことを大いに褒めることで、次はもっと挑戦してみようとする子供の姿を多く見ることができました。家族以外の大人との信頼関係が、時に大きな挑戦する力を育むこともあることに気づきました。

危険なことをしてしまう場合には、静止するために声掛けすることもあります。何度も同じことを繰り返すときに、自分の指導したことを考え直し簡潔に伝えるようにしました。すぐには効果があらわれませんでしたが、繰り返していく中で、やってしまったら謝ることや、やりそうになったら担任を見て止められるようになってきました。見守ることの大切さもわかりました。

(3) なぜ、平仮名や数字が読めないとダメなの？

就学が近くなると、専門家チームの巡回相談では、五歳児（年長）に対して、平仮名や数字が読めるかどうかを一人ずつ面接して確かめます。保育所は、「遊びの場所」です。文字や数字はどうしても小学校での教育というイメージがあり、とても悩みました。しかし、日々の保育を振り返ってみると、「わらべ歌」「数え歌遊び」「かるた取り」「すごろく」など、文字や数字に関係している保育活動がたくさんあることに気づきました。また、子供たちが小学校に入学してすぐに国語や算数の学習が始まると、平仮名や数字の読み書きができなくて困っている「小1プロブレム」の現実を知り、何か対策を考えなければと思いました。

そこで問題になってくるのが、保育の中でそれをどう教えていくのかということです。どの遊びをどの時期に、意図的に何の力を伸ばそうとして取り入れるのかが重要になります。もちろん、子供たちの中からも新しい遊びは生まれ、そこから学ぶものも多いのですが、保育者がその時期にあった遊びの中で文字や数字の面白さを伝えていくことが重要です。そこで参考にし

小1プロブレムを防ぐ保育活動

たのが『小1プロブレムを防ぐ保育活動（実践編）』（前出）や『5歳アプローチカリキュラムと小1スタートカリキュラム』（前出）です。保育活動が楽しければ子供たちは繰り返しを求め、つまらなければ「やりたくない」「嫌い」なものになってしまいます。そこの働きかけは、毎回反省の繰り返しで、まだまだ手探りです。

(4) 保護者対応の難しさ

保護者に対して、子供が抱える不安や困難を知らせる場面があります。連絡帳や面談などの方法は様々ですが、毎回悩むものです。伝える難しさ、言葉の難しさをいつも感じます。現在抱えている〝困り〟を保護者と共有することで、家庭での働きかけが多くなり格段に子供は伸びていくことがわかってきたので、保護者に知らせることは必要不可欠であると感じています。

(5) 保育士が気づく目を持つ

専門家チームの巡回相談を通して、どんな子供も才能と同時に困難を少なからず抱えていることを改めて知りました。困難については、早い段階で配慮や手助けをしていくことが大切です。そこには、適切な指示があり、適切な配慮が必要不可欠です。保育所はそれを見極める、スタートラインです。

「得意なことはもっと伸ばしてあげたい」「苦手なことは減らしてあげたい」「自分が好きな子に、また友だちも好きな子になってほしい」など、この願いは保育の根底にあるものです。

ポイント

① 「困る子」ではなく、「困っている子」として捉える。
② 専門家からの指導・助言を受けて、「適切な配慮」を行う。
③ 遊びを通した保育活動の中で、平仮名や数字の読み書きを教えていく。
④ 保護者には、子供が抱える不安や困難をきちんと伝える。
⑤ 保育士が気づく目を持ち、早期支援につなげる。

『5歳アプローチカリキュラムと小1スタートカリキュラム』（2017年、ジアース教育新社）

* Door. 4 *

戸沢村の教育施策と取り組み

1　教育委員会の教育施策

(1)　将来を見据えた教育振興プラン

戸沢村では、平成二十七年三月に『共育の村戸沢　教育振興プラン』を策定し、今後十年間の教育がどうあるべきか、その道標を明らかにしました。この中には、これまで培ってきた「学社融合による村づくり」「特別支援教育の推進体制づくり」「協同の学びによる授業改善の取り組み」「〝エリアキャンパスもがみ〟を核にした山形大学との連携による教育の推進」など、今後も継続していくべき課題を整理しています。さらに、少子化に伴う学校統合により、一小一中体制が平成二十五年度よりスタートしたことを受け、「小中一貫教育」や「コミュニティスクール」の構想など、新たな課題についても計画を策定したところです。ここでは、特徴的な三つの取り組みについて紹介します。

(2)　「共育」で子供たちの「社会力」を育てる

戸沢村のユニークな活動として、子供たちが、地域に継承されてきた文化や豊かな自然とふれあう活動を支援する「地域共育活動団体」の活動があります。各地区に十五ほどの団体があり、主たるメンバーは地域の高齢者です。この方たちが、持てる知恵と技を発揮し、子供たちの学校外活動を支えるとともに、〝総合的な学習の時間〟の指導者としても活躍しています。次年度はどんな活動をするか、地域の高齢者が学校の先生と一緒になって計画を立て、「地域共育カリキュラム」を創っています。最近では、子育てを終えたばかりのやや若い年齢層の方々も入り、高齢者をサポートしています。

子供たちは、最上川をテーマとした学習や村特産のエゴマの栽培、ビオトープの木道づくり、通学合宿、年末には門松づくり、冬には紙風船づくり等々、実に多彩な活動を地域の人とともに行います。また、中学生は、地域との関わりの中から課題を見つけ、問題解決に必要なことを協同的に学び、三年生になると「村への提言」という形で学習を締めくくります。さらに、通学合宿などのときにボランティアとして地域の合宿に参加し、小学生の活動を支えてくれています。少子化により人間関係が希薄になり、子供同士の関わりのみならず、大人との関わりも消滅しそうな環境ですが、少子高齢化社会を逆手にとって、それぞれの長所を生かし、小学生、中学生、地域の大人・高齢者を活動の中に組み込み、「共育」の世界を創っています。

子供たちには、この「共育」の世界の中で多くの地域の大人たちと触れ合い、地域のよさを実感し、また課題について考え、住みよい村づくりの担い手になってほしいと願っています。「人と人がつながり、よりよい社会をつくる力」を「社会力」と定義したのは、門脇厚司氏（筑波大学名誉教授、現つくば市教育長）ですが、この「社会力」を育てるために、門脇先生のご指導を仰ぎながらこの十数年取り組んできました。

(3) 特別支援教育の推進で一人一人のニーズに対応

平成二十九年四月から、校舎一体型の小中一貫教育校がスタートしました。そして、新築された小・中学校のすぐ脇には、統合保育所が建設され、平成三十年四月よりこの地で保育が始まります。これで、保小中一貫教育の環境が整ったことになります。その一貫教育の大きな柱の一つが、保小中の特別支援教育の取り組みです。

戸沢村での本格的な特別支援教育は、平成十九年からスタートしました。以来、特別支援教育のシステム化に取り組み、担当者が変わっても同じ姿勢で取り組める環境づくりに力を注いできました。特別支援教育システムを構築するにあたり、「特別支援教育推進委員会」や「専門家チーム」を立ち上げました。そして、専門家チーム（大学教授、学社融合主事、共育課長、保健師等）による、「すべての子供を対象とした巡回相談とスクリーニング」を実施し、七段階のレベルで障害の有無を見極めています。特別支援教育は、障害診断・判断や疑いのある子供だけではなく、何らかのニーズを抱えていればすべての子供を対象にして、早期予防や早期改善していくことと考えます。もちろん、障害診断・判断があれば、個別の教育支援計画や個別の指導計画を作成して対応することにしています。

特別支援教育が充実するためには、担任や保育・教育関係者の指導力向上が重要となります。そのために当初から、担任や保育・教育関係者を対象に「特別支援教育コーディネーター養成研修（特別支援教育講座）、初級（三十時間）」を受講していただき、特別支援教育に関する知識や理解、具体的な指導を深めてもらう取り組みを進めています。中には、さらに「中級（三十時間）」や「上級（三十時間）」の研修も受けたり、「個別検査者資格（ＫＡＢＣ－Ⅱ）」を取得する教師もいます。これにより、担任全員が特別支援教育コーディネーターとしての仕事が可能となっています。また、村単独予算で、小学校に四名、中学校に四名の「特別支援教育支援講師」を配置し、〝困り〟を抱えている子供の支援にあたっています。このことについては、Ｄｏｏｒ．６で詳しく述べます。

これらの取り組みを進める中で、子供たちが抱える障害を早期に発見し、即応することで障害の程度が改善したり、安心して生活ができることで生き生きとした学校生活が送れるようになってきています。これからも一人一人に目を配り、一人一人の〝困り〟を解消し、よさを伸ばす教育を進めていきたいと思っています。

(4) 「協同の学び」で一人一人の資質能力を伸ばす

この特別支援教育の考え方は、一人一人の学力の向上をめざす取り組みにも共通しています。成績上位の子供も下位の子供もそれぞれに課題を抱えています。教師には、その課題に向き合い、できるだけ最適な手立てを講じてあげることが求められます。特別支援教育支援講師には、障害を持つ子供だけでなく、教室全体に目を配っていただくようにお願いしています。

最近、「学力向上」を叫ぶとそれ自体が目的化し、点数学力のみがもてはやされる風潮にあるようです。学力をどのようにして身につけるのか、身につけた学力を、よりよい社会をつくっていくためにどう生かせるかが問われるべきだと思います。戸沢村の子供たちは、学力の平均値が高いわけではありませんが、山形大学の教授陣からご指導をいただき、先に述べた「社会力を育てる」とともに、「協同の学び」により、子供同士の関わりの中で思考力・判断力・表現力を育てようと授業改善に取り組んでいるところです。今、問われている「深い学び」「対話的な学び」、意欲的で「主体的な学び」を実現する中で、子供たちに身につけさせるべき資質・能力を育成していかなければならないと考えています。

平成二十八年と二十九年、三名の学生が東京大学に相次いで合格しました。このような快挙はこれまでなかったことで、本人の努力はもちろん、上述した教育の成果が出ているのかなど喜んでいるところです。また、高校に進学した生徒が野球部の主将となり、甲子園出場の原動力となったり生徒会活動のリーダーとして活躍するなど、社会力が身についている様子を散見できることは、うれしいことです。教育委員会としては、今後とも子供たち一人一人に目を向け、一人一人の伸びる芽を大切にし、子供に関わる大人たちみんなで子供の成長を見守っていきたいと思います。

ポイント

① 教育委員会が将来を見据えた教育プランを策定し実行する。
② 子供たちが、地域の伝統文化や豊かな自然を学ぶ。
③ 特別支援教育システムを構築し、独自の特別支援教育推進委員会や専門家チームを組織する。
④ 特別支援教育は、すべての子供に必要であることを意識する。
⑤ 特別支援教育コーディネーター研修（特別支援教育講座）を独自で実施して、誰しもがコーディネーターになり得る担任を育成する。
⑥「協同の学び」により、思考力・判断力・表現力を育てる。

2　小中一貫教育校がめざす児童生徒の教育

戸沢小学校と戸沢中学校は、平成二十九年四月に校舎一体型小中一貫教育校として開校しました。教育目標を共通にして、一貫教育のよさを活かした学校経営を行っています。学校経営の方針は以下のとおりです。この方針をもとに本校の教育を紹介します。

> ① 小中一貫教育で学びと発達の連続性を構築し、確かな学力と豊かな心の育成を図る学校づくりを行います。
> ② 地域とともに教育活動を展開し、開かれた学校づくりを行います。
> ③ 積極的な生徒指導を推進し、安全・安心な学校づくりを行います。
> ④ 特別支援教育を学校経営の基盤として、一人ひとりを大事した学校づくりを行います。
> ⑤ 広い視野と高い志を持った教職員集団による、生きがいと誇りが感じられる学校づくりを行います。

(1)　「共育カリキュラム」の導入

戸沢村の小中一貫教育は、小学校と中学校を基盤とするもので、学年のくくりは現状のままです。一つの校舎でできる範囲の中で一貫教育を進めるという考え方でスタートしました。教科担任制や合同行事で互いに関わり合うことで生まれるよさを検証しながら進んでいます。このような中で、小中を貫く「共育カリキュラム」が一つの特徴だと思います。これは、地域と学校が一体となった「ふるさと学習」です。生活科や総合的な学習の時間に位置づけられ、地域をフィールドに「地域共育活動団体」が先生になり、子供たちは学んでいきます。小学一年生の生活科から始まり、中学三年生の「村への提言」を最終目標に学習は進んでいきます。

小学校での学習では、地域にある巨木や幻想の森（山ノ内杉の群生地）や最上川を題材として戸沢村のよさに気づくのが中学年の内容です。高学年は、戸沢村の産業と村づくりに取り組んでいる人たちの取り組みの内容や思いを学びます。この学習を踏まえて、中学校では戸沢村の現状と課題をフィールドワークして調べていきます。最終的に、戸沢村への提言をプレゼンテーションという形にまとめていきます。平成二十九年は、「私の考える自慢の観光コース」「ポップコーンによる映画上映」など実現可能な提言も見られ、村長も驚いていていました。

このカリキュラムは、戸沢村の教育の柱となっ

若者目線 村に提案

戸沢中3年生 村長らを前に発表

動物の事故防いで／廃校で映画は？

【戸沢】戸沢村戸沢中（市川重保校長）の3年生38人が総合学習でまとめた「村への提言」の発表会が26日、同校で開かれ、若者ならではの柔軟な発想で考えた村の活性化策を渡部秀勝戸沢村長や村議らに提案した。

生徒は▽観光▽自然▽少子高齢化▽スポーツ―などのテーマを一人一人設定し、調べ学習などを通して課題の解決策やより良い村づくりに向けたアイデアを考えてきた。

1人5分ほどの持ち時間で提言を発表した。荒川周人さん(15)は野生生物と車の衝突事故を防ぐため、道路沿いに動物が嫌がるハーブなど香りの強い植物を置くことを提案。多くの動物がはねられて死んでいるのを見掛けるといい、「動物と人が共に安心して暮らせる村になってほしい」と話した。

村内に複数ある廃校の利活用についても多くの意見が出された。柿崎怜さん(15)は最上地域に映画館がないことに着目し、廃校を使った映画上映プロジェクトを発表した。費用面にも配慮し、ネットサービスを利用した、初期費用のかからない上映方法を提案した。

渡部村長は「全員が堂々と言いたいことを伝えてくれた。若者の声を村政に反映し、できるものからしっかりと実現させていきたい」と語った。

より良い村づくりに向けた提言を発表する3年生＝戸沢村・戸沢中

「山形新聞」の記事

ている社会力の育成から生まれたものです。まさに、新学習指導要領で示されている「社会に開かれた教育課程」の一例です。

(2) 大学との連携による授業研究の継続

戸沢小・中学校の学力向上は、山形大学との連携による授業研究の充実です。この取り組みも十年以上続いています。現在は、大学教授が年間八回指導に来ます。学びの必要性や教材の工夫、そして子供同士の関わり合いを学び、日々の授業に生かしています。教師の指導力が格段にレベルアップします。

小学校では、「全国学力・学習状況調査」の結果にも成果が表れ始めています。テストの結果も大事ですが、教師の研修への意欲の向上につながっていることが何よりの成果であると考えています。大学との連携が継続できているのは、教育委員会の理解と支援があるからと感謝しております。

中学校の授業研究会

小中一貫校となった平成二十九年度からは、研究主題も視点も同じにして研究を進めています。小中合同での授業研究会も年三回実施しています。同時に、小中別々のときもそれぞれの教師が相互に参加して研究を深めています。授業の見方や子供の捉え方など小中の違いがあり、これまでにない気づきが生まれ、話し合いに深まりが見られるようになってきています。

また、本校の職員はすべて特別支援教育コーディネーターの研修会を受講しています。このことは、特別支援教育だけでなく、子供理解そして学級経営に活きていると感じています。教科指導の基盤は児童理解です。教科指導と特別支援教育の両面を大学との連携で研修できる本校は幸せな環境にあると思います。

(3) 学力向上の基盤を支える特別支援教育

学力向上の基盤を支えるのが、特別支援教育です。戸沢村の特別支援教育は、平成十七年度の神田小学校に始まり、平成十九年から「特別支援教育推進委員会」と「専門家チーム」が組織され、すべての保育所・小学校・中学校で巡回相談とスクリーニングが実施されるようになりました。

かつて、低学年児童の落ち着きのなさで学級崩壊が起き、学校が大変困っていた時期がありましたが、専門家チームからの専門的で的確な指導・助言により改善されました。定期的な巡回相談とスクリーニング及び校内研修での講義は、十年以上にもなります。現在、学校は、とても落ち着いた中で小中共に教育活動を展開しています。これは、これまでの特別支援教育の成果だと感じています。

特別支援教育を学校経営の基盤としているのは、生徒指導だけでなく学力向上においても、とても大事な視点と考えるからです。「発達障害」という言葉は現在一般化していますが、二十年ぐらい前は誰も知らない言葉でした。低学年の学級崩壊のほとんどが、発達障害に起因しているのではないでしょうか。教室から勝手に出て行く子、常に友達とトラブルになる子、集中力がない子、多弁な子など、障害や気質に気づかず、過去の経験や従来の指導を続けたために学級崩壊になったと考えられます。そのことにいち早く気づかせ、指導・助言してくれたのが専門家チームの皆さんでした。専門家チームは、発達障害の知見を指導・助言してくれたことはもちろんですが、何をおいても一番の成果は、教師の意識を変えたことだと思います。教師の子供理解が変わりました。同時に、指導によって子供が変わることにも気づかせてくれました。校長室で、「校長先生、あのクラスは何も変わっていない。なぜですか?」と問いただされたことを今でも覚えています。教師が変わらなければ子供は変わらないということを痛感しました。教師の意識の変革なしに今の落ち着いた生活はないと思います。

小学校は特に、学級経営が学力向上と直結しています。学級が崩壊し、子供たちが騒いでいたり、集中できなかったりすると、学習進度が遅れるだけでなく学習空白にもなりかねません。そうなると、これまでの学習はなかなか取り戻せません。また、学力の高い子供であっても学習に集中できないために成績が落ちることもあります。学習に集中できない子供は、教師への不信、そして保護者の学校不信へとつながり、負の連鎖が起こります。

中学校では、特別支援教育対象児に対しては、小学校からの引き継ぎにより個別の教育支援計画と個別の指導計画を作成し、四月の早い時期から職員の共通理解を図り指導にあたっています。また、専門家チームからの指導・助言により、更なる学習の遅れにならないように、また、生徒の気質が高まって問題行動を起こさないように定期的な個別面談や保護者面談を行っています。小学校からの延長線上にあるのが中学校という考えで、これまでも連携を丁寧に行ってきました。小中一貫教育校になり、それがよりスムーズに行えるようになっているようです。中学校でも、落ち着いた生活が学力向上に結びつきますし、信頼関係も深まっていくと感じています。

教育の不易は信頼関係です。教師と子供、学校と保護者を結ぶのは、互いの信頼関係です。その意味においても、特別支援教育は、やはり学校経営の基盤です。特別支援教育は、一人一人に応じた教育です。障害の有無にかかわらず、すべての子供にしなければならない教育です。

共育で地域とつながり、特別支援教育で子供と保護者とつながり、そのことで信頼関係が生まれ、学校経営の充実につながっていくものと考えています。時代の変化に合わせながらも、この営みを継続していきたいと考えています。

ポイント

① 地域と学校が一体となっている「地域共育力リキュラム」を作成し、新学習指導要領で示されている「社会に開かれた教育課程」として取り組む。
② 大学と連携して授業研究を実施することで、教師の指導力が向上する。
③ 特別支援教育を学校経営の基盤と考え、すべての子供を対象として支援する。
④ 担任等が特別支援教育研修会に参加して、特別支援教育の理解と指導力を高める。
⑤ 安定した学校・学級経営は、学力向上と直結する。

3 小学校の実践

(1) 授業づくりの視点

戸沢小学校では、基本的な授業づくりについて共通理解を図りながら指導にあたっています。学習の決まり、教室環境、授業の構成、発問や指示、板書等について、同じ視点に立って授業を進めていくことを心がけています。例えば、教室環境では、教室の前面には必要最小限の掲示物にとどめ、過度な刺激を与えないようにしています。発問や指示については、聞く態度ができてから話をすることや、一度にたくさんの指示を出さないようにするなどの工夫をしています。板書では、授業の流れがわかるように、焦点化を図り、すっきり見やすくまとめるように心がけています（六十五～六十六頁参照）。このような授業づくりの基本を踏まえ、各学年に合わせた工夫を加えて実践を積み重ね、学力向上をめざしています。

(2) 学力向上をめざすための取り組み

〈授業研究会〉

授業研究会では関わりを通した学び合いを大切にし、効果的な指導方法について研究しています。大学教授をお招きしての授業研究会を年間五回実施し、成果と課題をはっきりさせて、次回に生かすとともに指導のあり方等についても指導・助言をいただいています。

〈基礎的・基本的内容の定着〉

基本的内容を確実に身につけさせるために、校内チャレンジテスト（国語・算数）を年五回実施しています。

〈個に応じた学び方の指導〉

特別支援教育の手法を生かして学習方法を探り、特別支援教育支援講師の補助を得ながら、個に応じた指導を充実させています。

〈家庭学習の習慣形成〉

家庭学習の習慣化を図るために、生活リズムを整える必要があります。規則正しい生活リズムを意識させながら、家庭学習にも取り組んでもらえるよう家庭と協力して取り組んでいます。

小学校の授業研究会

(3) 特別支援教育の取り組み

〈巡回相談〉

特別支援教育に関わる研修を重要視しています。通常の学級の中には、特別な配慮や支援が必要な子供がいます。その子供たちに効果的な支援をしていくために、専門家チームのスクリーニングや巡回相談を実施しています。その中で、発達障害の特徴やその対応策について、個別の事例を基に研修会を行っています。専門家チームから具体的な指導の手立てが示され、日々の実践に役立っています。担任だけでなく組織的に対応していくことによって、子供を様々な視点で見ることができ、効果的な手立てを考えることができるようになりました。

〈個別検査の実施〉

発達障害の疑いがあり支援が必要な児童については、学級での様子や担任及び家庭での〝困り〟などを話し合い、家族の同意を得て個別検査を実施しています。個々の実態に応じて、ＷＩＳＣ－ⅣやＫＡＢＣ－Ⅱの検査を行います。後日、保護者と面談を行い、検査結果をもとに効果的な指導方法について話し合い、納得しながら家庭と学校と歩調を合わせて対応しています。

〈医療との連携〉

学校と家庭だけでは対応が難しい場合、医療機関と連携していくことになります。「こども医療療育センター」や「こころの医療センター」などを受診し、専門的な立場で子供をサポートしていただきます。

〈個別の支援計画・指導計画の作成〉

医療機関での障害診断や専門家チームでの障害判断を受けた子供については、きめ細かい指導をしていくために、個別の教育支援計画と個別の指導計画を作成しています（六十七頁、表6参照）。個別の教育支援計画には、これまでのプロフィール、関係機関との連携、保護者の願い、長期的な目標などが書かれています。それをもとに個別の指導計画には、学期毎に短期的な目標を立て、具体的な手立てを考え実践していきます。定期的に目標について評価し、よりよい手立てを工夫していきます。

ポイント

① 授業づくりは、基本となるものを教師全員で共通化する。
② 学力向上をめざすために大学教授の指導の下に授業研究を行い、教師の指導力を向上させる。
③ 基礎的・基本的な内容を定着させるためにチャレンジテスト等を行う。
④ 教師が特別支援教育研修会に参加したり、校内研修会で発達障害の理解と指導を学ぶ。
⑤ 通常の学級においても障害のある子供に対して、個別の教育支援計画と個別の指導計画を作成して、それに基づいてきめ細やかな指導をする。

特別支援教育の視点を取り入れた授業づくり

オープン教室の防音

前面に刺激物を掲示しない

机と椅子の整理整頓

掲示物の整頓

文具の置き場所

朝の会に全員で黙想

特別支援教育の視点を取り入れた授業づくり

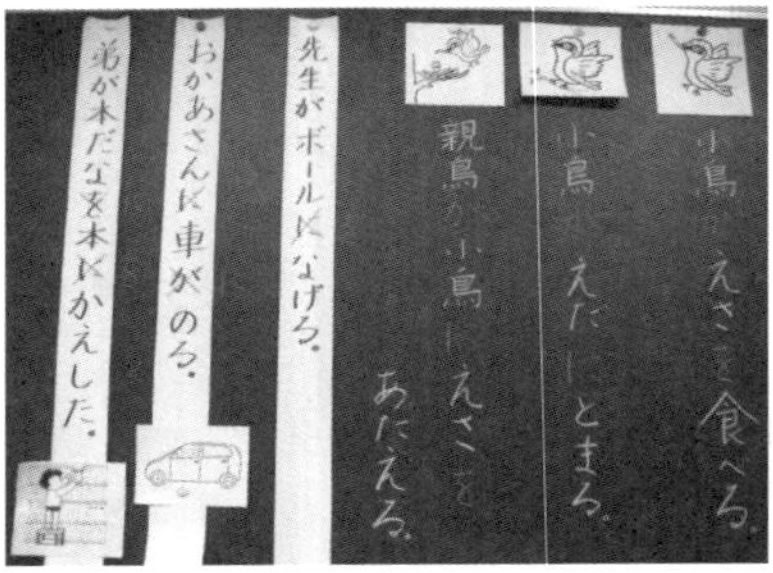

視覚的な授業

徹底したペア学習

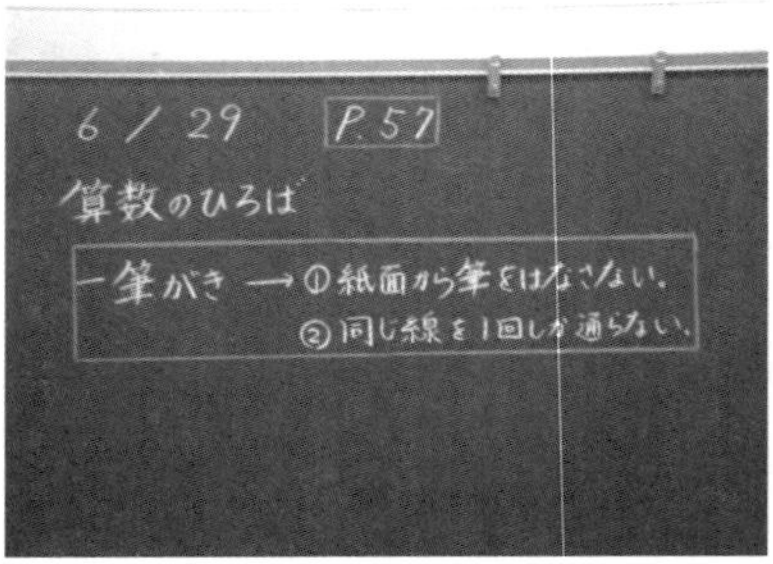

授業見通し

不登校改善会議

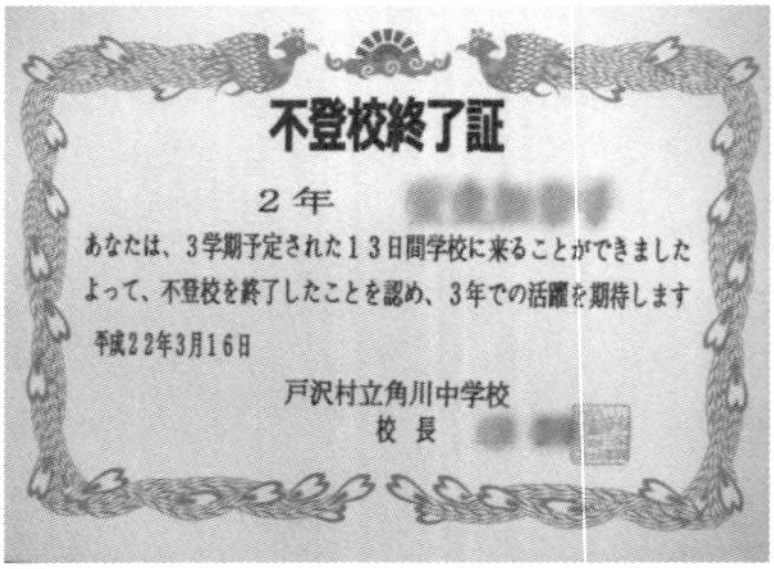

不登校終了証

2年

あなたは、3学期予定された13日間学校に来ることができました
よって、不登校を終了したことを認め、3年での活躍を期待します

平成22年3月16日

戸沢村立角川中学校
校長

不登校修了証の発行

不登校修了証の授与式

表6　個別の支援計画の例（通常の学級用）

個別の教育支援計画

学校名：戸沢村立戸沢第一小学校

氏　名	戸沢　一郎	性別	男	生年月日	平成25年7月7日	期間	平成28年4月～平成31年3月（3年間）
診断・判断名	・自閉スペクトラム症（平成28年9月10日、最上市立病院・丹野鉄也Dr）、服薬：リスパダール（朝1錠）						
検査・成績等	・教研式（平成29年5月20日）：国語50、算数46、社会51、理科40　ISS=49 ・KABC-Ⅱ（平成29年11月17日：村山検査員）　継次（101）、同時（96）、認知（105）、習得（100）						
合理的配慮（合意形成）	・パニックが激しくなったときには、別室に移して精神安定させる。（教務主任対応） ・ASD特有の暑がりなので、夏場は扇風機等を教室に設置する。（休み時間は保健室でエアコン使用）						
長期目標（31年3月）（卒業年度）	本人・保護者	・友達と積極的に関わってほしい。 ・友達とのトラブルを少なくしてほしい。					
	学　校	・友達の意見を聞き入れて、友達とのトラブルを少なくすることができる。 ・場面切り替えができ、行動がスムーズにできる。					

関係機関	時　期	関係者の役割と具体的な支援
学　校	 毎日 随時 1か月毎 学期に1回	○担任（八矢博志） ・離席を少なくするように、行動療法（賞罰）を使用して減少させていく。 ○特別支援教育コーディネーター（門脇留奈） ・保護者の精神的なケアをしていく。 ○養護教諭（高橋恵子） ・副作用の観点から体重測定し、減少している場合には主治医に連絡をする。 ○校長（市川重三） ・全校児童の前で褒める。
家　庭	 年3回 2か月毎	○両親（大橋秀之、秋保美保子） ・授業参観をして、本人の様子を観察する。 ・定期的に通院し、薬や対応の仕方についてアドバイスを受ける。
医　療	 3か月毎 適宜	○青葉病院（丹野鉄也Dr.） ・経過観察をしながら、薬の効き目を判断していく。 ・保護者にパニックになったときの対処の仕方をアドバイスする。
福　祉	 年1回 適宜	○民生委員（進藤絵美） ・虐待やトラブルの状態になっていないかを監視していく。 ○児童相談所（安食秀二所長） ・虐待が見られる場合には、緊急措置を行う。
専門家チーム 教育委員会	 年2回程度 年2回程度 毎年1C月 年1回	○戸沢村教育委員会特別支援教育専門家チーム（三浦光也山形大教授、野口勝之学社融合主事） ・授業参観をして、行動の様子を観察していく。 ・個別の教育支援計画、個別の指導計画の評価をしていく。 ○戸沢村教育委員会教育支援委員会（小野一夫教育長） ・経過観察し、通常学級の在籍について判断をする。 ○戸沢村教育委員会教育支援講師（町田育子） ・諸検査（WISC-Ⅲ、KABC-Ⅱ）を実施する。

個別の指導計画

学年学級 氏名（性別）		2年1組　(通常学級) 戸沢　五郎	担任名	八矢　博志	期間	平成29年4月 ～平成30年3月（1年間）
教科・領域等		目　標	指導者	指　導　方　法	評　価	
学校生活全般	○対人関係	・集団の中に、自分から声がけして入ることができる。 （週に2回以上） ・相手の意見を素直に受け入れることができる。 （癇癪を起こさない）	担任	・個別指導などで、「声がけ」のソーシャルスキルトレーニングを行っていく。 ・本人の意見を振り返り、それが正答であるかを考えさせる。	・10月以降は、週1回に抑えられた。　→◎目標達成 ・1月以降、癇癪をおこすことがなくなった。 →◎目標達成	
	○コミュニケーション	・場の雰囲気を読み取り、場に即した話しができる。 （相手から指摘されない、週2回まで失敗可能） ・グループ学習で、回りの意見を聞きながら自分の意見を話すことができる。 （相手から指摘されない、週2回まで失敗可能）	担任	・自分から話ができない場合には、担任との間で、支援のブロックサインを取り決めておく。 ・自分の意見は、最初に話すことを心がけるようにアドバイスする。	・グループ学習では、正確に話しが伝わらないことがあった。 （▲目標達成せず→次年度も継続） ・グループ学習では、友達から意見の違いを指摘されることが多かった。 （▲目標達成せず→次年度も継続）	
	○こだわり切り替え	・指示されたときには、1回で切り替えることができる。		・教師の話を聞き逃さないように「聞くトレーニング」を取り入れる。	・1月以降は、1回の指示でできるようになった。 →◎目標達成	

4 中学校の実践

(1) 自立した社会生活につながる進路選択

中学校は義務教育最後の三年間であり、卒業は社会へ出る第一歩です。そこで、中学校では、卒業後の進路選択が、生徒一人一人の自立した社会生活につながるように、ということをめざして指導しています。特別支援教育においても同様に、中学校卒業時の姿を思い浮かべ、社会的に自立するにはこの生徒にとって何が必要で、そのためにできることは何か、ということを常々検討しながら取り組んでいます。また、一人一人がそれぞれ持っている能力に合った自己決定ができる、ということも大切にしています。

高等学校への進学時は、オープンスクールや事前面談のときに、生徒の情報を提供するとともに、入学するにあたってどのようなことが必要か、どのような支援が受けられるか等の相談を行っています。時には管理職も含めて行います。また、個別の教育支援計画や個別の指導計画を作成している場合には、小学校から引き継がれた情報も含めて進学先へ引き継ぎます。地区内の高等学校へ進学する場合は、中学校と高等学校の特別支援教育コーディネーターや養護教諭同士が直接引き継ぎを行う機会があるので、紙面では足りない細かな情報も引き継ぐことができます。

(2) 共育の実践

職業・家庭、総合的な学習の時間、ボランティア活動などを通して、積極的に家庭や地域と関わっています。職業・家庭（進路学習）では、生徒の保護者を講師に招き、今就いている職業のこと、なぜその職業を選んだか、その職業に就くまでの道のりなどを教えていただきます。身近な大人の職業講話を通して、自分の将来を考える貴重な機会になっています。

総合的な学習の時間では、三年次に「村への提言」というかたちで小・中学校の九年間の集大成として締めくくります。一人一人が将来の戸沢村のビジョンを持ち、現状を調べ、どのようにしたら実現できるか考えたアイディアを、村長をはじめ村議会議員、地域の方々を前にして発表します。多くの地域の方に参加していただいており、地域の一員としての自分を再確認できる機会にもなっています。ボランティア活動では、生徒会を中心として、地域の福祉施設を訪問したり、ゴミ拾いや資源回収をしたり、地域のために自分たちができることを考え、実施しています。他にも、地域の

戸沢村のビジョン作成

行事への参加や協力、伝統芸能等の活動、小学生との交流などを通して、地域と共に成長していく様子が見られます。これらの取り組みは、地域の方たちに支えられていることの実感を得て、さらに地域の一員として貢献しているという、自己有用感も育てています。

(3) 全教師が特別支援教育の研修

特別支援教育に関しては、すべての教師が研修を行っています。生徒の自立を支えていくためには、我々教師が特別支援教育に関して、知識を常にアップデートしていくことが必要です。そこで、中学校では、学習支援委員会という組織を設け、その中で、特別支援教育に関わる自主研修を年三回、学期に一回ずつ実施しています。内容は個別の教育支援計画や個別の指導計画の書き方、その内容の検討、特別支援講座を受講した先生や特別支援教育支援講師からの伝達講習など、最低限必要な内容からタイムリーな内容まで、すべての教師が研修します。最近では「ホワイトボード会議」の仕方や、合理的配慮についての研修も行いました。特別支援教育に関

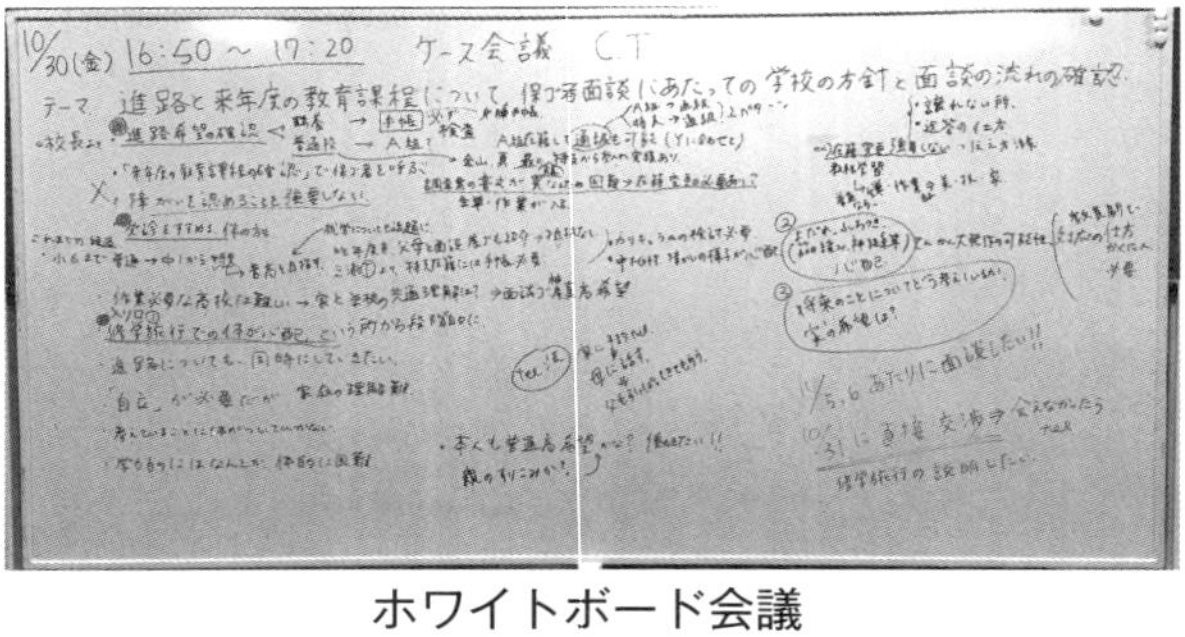

ホワイトボード会議

する最新の情報をタイムリーに得られたり、専門的な実践を学ぶことができたりするのは、大学と連携したシステムが構築されているからです。また、特別支援教育支援講師から発信してもらい、ＬＤ生徒への具体的な指導方法や、ＡＳＤ生徒への声かけ方法、ＡＤＨＤ生徒への座席の配慮方法など、より具体的な実践についても研修しています。

さらに、年に二回行われる専門家チームの巡回相談時に合わせて、生徒の事例をもとにした専門家チームへの質問形式にした研修も実施しています。こうした研修の機会は、同僚の実践を学べたり、自分の日頃の実践を振り返る機会にもなったりし、より身近で具体的な研修になります。また、異動による教師の入れ替わりがあっても、特別支援教育に関して研修できる仕組みになっていることが特徴的です。

(4) 徹底した情報共有

生徒の個別の教育支援計画や個別の指導計画をはじめとする個々の情報は、全体で共有することです。特に学年団では徹底して共有するようにしています。現状を知ることは、今後の指導方針を検討するためのベースになります。年度初めに、小学校から引き継がれた個別の教育支援計画や個別の指導計画は、すべての教師で共有した後、担任を中心に、学年団やその生徒に関わる教師で作成します。その後、学期毎に継続して見直し、評価し、活用することをめざしています。

また、必要に応じてケース会議を実施しています。事例によっては学年団だけでなく、コーディネーターや管理職など、参加者を変え、決して一人で抱え込むことのないように配慮しています。ケース会議では、ゴールを設定し、現在の状況やリソース、実行して効果があったもの、ゴールにたどり着くために今できること、今後の方針、誰が担当するか、などを検討します。その際に用いているのがホワイトボード会議です。記録は写真にして残すので、参加できなかった場合でも関係者で共有することができます。

(5) 生徒の自己理解を促す

生徒の自己理解を促すことは、とても重要なことです。自我が目覚め、発達して、他人と自分との違いを意識するようになるこの時期の生徒たちに、自分と向き合う機会を与えることは、自立へ向けた大切なプロセスです。そのために、個別の対応はもちろんですが、発達障害の特徴を取り込んだ授業をクラス全体でも行っています。

授業では、例えば、「あるケーキ屋さんでおいしいケーキを見つけました。今後、そのケーキ屋さんで、ひたすら同じケーキを買い続けるタイプ（自閉傾向）か、他のケーキも食べてみようと毎回違うケーキを買うタイプ（ＡＤＨＤ傾向）か、あなたはどっちのタイプ?」といった質問をします。すると、生徒たちは、自分はどっちのタイプか、友達はどうか、などと考えます。どちらのタイプか考えることは、発達障害と認識する前に、人それぞれの特徴や個性、傾向として理解することにつながっているようで、「自分らしさ、その人らしさ」といった自己理解や他者理解に有効です。そして、クラスが温かい雰囲気になるといった様子も見られます。

(6) 保護者への理解促進

保護者への生徒理解を含めた連携も欠かせません。保護者の希望を聞きながら、理解も促しつつ、「ホワイトボード会議」を取り入れた面談を実施し、共に今できることを考えていきます。また、困難な事例のときには、大学と連携し、面談時のアドバイスをいただいたり、直接、専門家の立場から生徒と保護者に自己理解を深められるような面談をしていただいたりもします。さらに、教育委員会とも連携し、場所や時間の調整、面談内容の共有を図り、多くの目で対応できています。

ポイント

① すべての教師が特別支援教育の研修を受け、発達障害の理解と指導につなげる。
② 徹底した共通理解を図る。
③ 生徒の自己理解や他者理解を促すために、ロールプレイテスト等を行う。
④ 保護者面談には、わかりやすく理解を促すために、「ホワイトボード会議」を取り入れる。

5 特別支援教育支援講師（学習支援員）のサポート

(1) 専門的で多岐にわたる仕事

戸沢村の特別支援教育支援講師（一般的には学習支援員）は、小・中学校に計八名います。日々、児童生徒への支援や先生方のサポートを行う他、年一回教育委員会主催の研修会を行い、支援の仕方について授業を見た後に効果的な支援について研修しています。

特別支援教育支援講師の役割は、一言で言うと「子供たちの学習支援」ですが、その内容は授業中の支援をはじめとして、授業時間以外での個別指導や個別検査の実施と分析、小テストの添削や自学の点検など様々です。その他、必要に応じて、家庭学習の取り組み方やサポートの仕方を保護者に説明したり、力をつけたい内容に合った自学の問題を作成したりもしています。

特別支援教育支援講師の仕事は幅広く、細やかな手立てが必要です。戸沢村では教員免許を持つ特別支援教育支援講師が継続して採用されることが多いため、長い期間にわたって子供たちを見守ることができ、保護者と関わる機会も多くなります。そのため、子供たちの特性に合った家庭学習の仕方や、保護者が家庭でできる支援の方法を直接、保護者にアドバイスすることもしています。

(2) 全体への支援

授業中は基本的に、わからなくて困っている児童生徒に支援して回ります。子供によって苦手な箇所は違うため、いつも同じ子供に支援しているわけではありません。それぞれに支援の効果が出るように回る必要があります。その際のポイントとして、①授業前に担任や担当の先生と相談し、その日の授業のポイントや付けたい力を確認する、②どの子供がつまずく可能性があるか想定してどのような支援が必要かを考える、③学習内容が理解できるように支援のための補助教材を作っておく、などがあります。

支援のための補助教材は大がかりなものではなく、例えば、小数の学習であれば、折り紙を一と見立てて裏面に百に区切ったマスを書いておいたものを用意しておきます。表を見れば一のまとまりで、裏を見ると〇・一や〇・〇一の大きさがわかりやすくなっているというものです。これは、かさの単位の学習（LとdL）にも応用できるので便利です。

(3) 個別的な支援

注意欠陥多動性障害（ＡＤＨＤ）の診断があり、学習した内容が定着していない五年生の子供は、数の合成分解から復習が必要でした。そのため、算数の授業の最初の五分間（教室の子供たちが小テストを受けている間）に、別室で百玉そろばんを使った学習をしました。

毎日のように数の合成分解を練習したところ、加法・減法の計算が速くなりました。さらに、乗法・除法の基礎も百玉そろばんで練習したことで、計算に自信を持って教室での学習に参加するようになりました。

また、学習障害（ＬＤ）で教科書の音読に困難のあった子供には、マス目の大きな原稿用紙に手書きで教科書の文章を写したものを提示しました。教科書の文は言葉が二行にまたがって書かれているので、原稿用紙の使い方は無視して文節の区切りの良いところで改行するように書き写しました。原稿用紙に書かれているため、読めない漢字には読み仮名をふるスペースもあり、教室で音読することを苦にしなくなりました。カラーバールーペを何本か持ち歩き、辞書を引くときに渡すと、文字が二倍になり読みやすくなるため、進んで語句調べをするようになったと先生方からも喜ばれました。

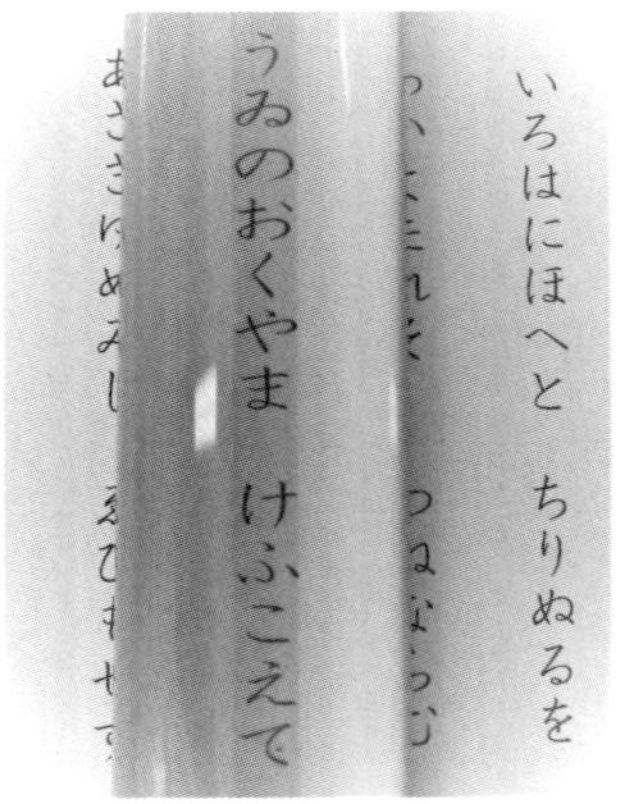

個別教材（カラーバールーペ）

子供たちがやる気になるアイテムを用意しておくことが有効な支援へとつながります。

(4) 個別検査の実施と研修講師が可能

戸沢村の特別支援教育支援講師の特色は、個別検査を実施できる人材が豊富なことと、研修会での講師ができることです。それは、個人の努力もありますが、教育委員会が検査者講習の受講料を負担し積極的に受講するよう勧めてくださったからです。特別支援教育支援講師八名は、全員が特別支援教育コーディネーター養成研修（特別支援教育講座）の「中級」を修了しており、うち二名は「上級」を修了しています。また、「上級」の特別支援教育支援講師は、研修の講師として、「初級」と「中級」の講座を担当しています。平成二十九年度は、この研修に参加する機会のない保育士を対象として「戸沢村保育士全体研修会」において、発達障害の理解をテーマとして講座を開きました。常日頃、保育士たちが抱えている発達障害児への対応や悩みについての相談に応える時間もあり、充実した研修会となりました。

また、個別検査であるＷＩＳＣ－Ⅳは一名、ＫＡＢＣ－Ⅱは四名が検査者講習を受講済みです。これまでも巡回相談で検査が必要と判断された子供に対して、随時検査を行い個別の指導計画の作成に役立ててきました。子供たちの障害の有無を判断することは責任の重い仕事ですが、検査者が直接支援に関われることで、検査結果に基づいた適切な支援を行うことができ、支援の見直しもすぐに行えることが戸沢村の特別支援教育の強みでもあり、やりがいにもなっています。

(5) 特別支援教育支援講師からの発信

子供たちの支援だけでなく、先生方に様々な情報を発信していることも特色の一つです。中学校の特別支援教育支援講師が中心となって「closer」という通信を不定期に発行して、支援のポイントや研修で得た新しい情報をお知らせしています（次頁参照）。なかなか時間がとれず、思うように発行できない悩みもありますが、研修で得てきた情報や、各学級でその時々に目立っている発達障害への対応などについて特集を組んでおり、参考にしてくださる先生方もいるので励みになっています。

また、特別支援教育支援講師主催の教員全員研修会では、講師となって個別の指導計画の書き方のポイントや支援の内容をアドバイスしています。

ポイント

① 特別支援教育支援講師（学習支援員）は、全員が特別支援教育コーディネーター養成講座を受講済みなので、発達障害等の子供への専門的な指導や研修会の講師が可能である。

② 特別支援教育支援講師（学習支援員）は、WISC-ⅣやKABC-Ⅱの個別検査ができる。

③ 教師向けに、発達障害児等への指導・支援のアドバイス、個別の指導計画作成のポイントなどを伝授している。

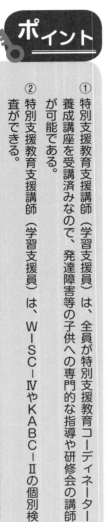

closer ～もっと身近に～

戸沢中学校
教育支援講師通信
第３号

平成 27 年６月８日

突然失礼いたします。戸沢中学校教育支援講師チームです。今年度も，支援講師はこのような通信を発行させていただきます。さまざまな障害の特徴や専門用語に関する疑問，学級経営や授業における支援について先生方が「？？？」と感じたときにこの通信がお役に立てればと思っております。ときどき不定期に机上に乗っていることがあると思いますので，ご一読いただければ幸いです。

さて，今回はＬＤについてです。

ＬＤ（学習障害）は，読み書きや数学を極端に苦手とする障がいです。知能やその他の能力的には問題がないのに、**読み書きだけ，計算だけ**身につかないというような症状がある**発達障がい**に分類されます。怠惰によるものとは区別される必要があります。

主な特徴としては・・・

- **能力はあるのに、習ったことを覚えられない**
- **文字をスラスラ読むことができない**
- **文字を正しく書けない、作文も苦手**
- **計算や推論することが苦手**
- **聞いているようで聞いていない**
- **うまく話すことができない**
- **手先が不器用で道具がうまく使えない**
- **あいまいな言葉（慣用的表現）が苦手**

LDタイプの一例

●国語は得意だが、算数は苦手
●算数は得意だが、国語は苦手
●国語のなかでも文章理解は得意だが、漢字の書き取りが苦手
●算数のなかでも計算は得意だが、文章問題を解くのが苦手
●算数のなかでも図形問題は得意だが、計算問題が苦手
●計算問題のなかでも、暗算は得意だが、筆算が苦手
●計算問題のなかでも、暗算や筆算はできるが、検算が苦手

（「ちゃんと書きなさい」と言われても「ちゃんと」はどうすればいいかわかりません。「まっすぐ帰るのよ」と言われれば，この角を曲がると家だけどまっすぐ帰るには・・・と悩んだり，「お風呂を見てきて」と言われれば，ただながめてきたりしてしまいます。「お風呂のお湯がいっぱいになっていたら止めてきてね」と言うと，伝わりやすいですね。）

ちょっといっぷく・・・
中学生のＡ君。小学校の頃から九九が覚えられず，数学なんて大嫌いに。計算では九九表を見ても良いことにして，学年の内容を普通に学習していると・・・連立方程式の学習が終わった頃に九九が言えるようになっていました。

ＬＤの子は，短期記憶の部分に問題のあることが多く，見たり聞いたりした情報がすぐに出て行ってしまい，記憶として残りにくいようです。そのため，黒板に書いてあることをノートに書き写すまで記憶しておけないことも多々あります。

ＬＤは他の発達障害を併せ持っているケースが多く，更に，てんかんやチック障がい，うつ状態，アレルギー疾患のような病気と重なることもあります。

ＬＤの判断は学校において校内委員会で行うものではなく，**教育委員会の専門家チームが行います。**

☆「ＬＤかな？」と思ったら・・・

ＬＤＩ－Ｒチェックリストでチェックしてみましょう。保護者の承諾のいらないものなので，先生方が簡単にチェックできます。保護者の承諾を得て読み書きスクリーニングテスト（戸沢村では支援講師の約半数が実施，分析できます。）を行う方法もあります。そこでＬＤの疑いとなった場合はＫＡＢＣ-ⅡやＷｉｓｃ－Ⅳの検査を行います。そこから医療との連携が始まっていくことになります。

戸沢中学校特別支援教育支援講師通信「Closer ～もっと身近に～」第３号（平成 27 年６月８日）

ＬＤで一番多いのは読み書き障がいです。

知的障害はなく，日常会話にも支障がないが，文字で書いた文章を読ませると，**たどたどしい読み方**しかできず，書くときにも**形が似ている字と間違えたり鏡文字を書いてしまったり**します。

三浦教授曰く「**LD は治らないんです！**」身も蓋もない話のようですが，この言葉の裏には，「治るものではないが，手をかけることで少しずつではあるが成長していくことができる」という意味が含まれています。成長を促すためには，ひとりひとりの特性を見極め，得意分野への手厚いサポート必要となります。ここで，支援計画を有効活用したいものですね。

ＬＤに対する薬物療法などの治療法はありません。**「１つの漢字を３０回ずつ書きなさい」**などの指示では，苦痛になり苦手意識が高まってしまいます。苦手な部分を克服させようとするのではなく，サポートしてあげる形で学習方法を工夫していくことが有効だといえます。**人一倍努力してもできないということを本人に自覚させ落ち込ませるより，得意教科や興味のあることにどんどん取り組ませ，やる気を引き出し，自信をつけさせる**ことにつなげましょう。

どんなサポートができるかな？

☆読むときは・・・必要なところ以外下敷きや定規で隠して読ませる。
逐字読みをする子どもには，**単語ごとに線を引いたり丸で囲んだり**して，意味で区切って読めるようにする。（支援講師を上手に使ってください）

（テストなどのプリントは）①**行間を広めに**する。
②**単語と単語の間をあける。**
③言葉の途中で改行しない。
などの配慮があると，びっくりするほど読めるようになることもあります。

☆書くときは・・・
①プリントの答えの欄は（　　）より［　　　］に。（　　　）の場合は（＿＿＿）**下線を入れる。**
②板書例や**写すべき見本を近くに置く。**
③２ＢやＢ等の**濃いめの鉛筆**を使わせる。（シャープペンシルではＬＤの子の字は上達しません）
④ポイントをわかりやすく提示し，**書くべきものの量を減らす。**
⑤**計算スペースは広めに**とる。

☆その他・・・
①環境が許せば，パソコンによる記入を認める。（別室学習の子にはいいかも）
②覚えるべきことは**絵や言葉と関連させて印象づける。**
③板書が必要な場合は，**写す時間を十分にとり，書くことに集中させる。**
④手書きのアドバイスやメモは，**ていねいにはっきりした文字で書く。**
上手下手ではなく，**「人に読ませるものはていねいに書く」**を実践したいものです。

大変ですが，この一手間が・・・・・・・がんばろう！

さて，後書きを書くスペースが無くなってしまいました。今回もお読みいただきありがとうございました。
参考文献；図解よくわかるＬＤ（上野一彦著　ナツメ社）　図解よくわかる発達障害の子どもたち（榊原洋一著　ナツメ社）
どちらの本も，町田ロッカーにあります。いつでもご覧ください。

Door. 5

「共育」システム

1　共育の導入経緯

共育は、平成十一年に就任された阿部和生教育長の「学社融合」の考えの下、地域に開かれた学校づくりをめざしたことが始まりです。当時は、小学校が四校、中学校が二校で、そのうち一つが小中併設校でした。「学社融合主事」という職（教師を配置）を村単独予算で新設して、学校と地域のコーディネーターの役割としました。

当時の課題としては、「全般的に素直だが、高校になるとあきらめてしまう生徒がいてたくましさに欠けるのではないか。」「指示待ちで自分から関わろうとする力が足りないのではないか。」「戸沢村に生きる子供として、本当に地域のよさを実感しているのだろうか。」などが挙げられました。

学社融合の学びを進めることによって、子供たちが地域に誇りを持てるようにすること、筆者もその一員として地域や人と関わりながら社会をつくろうとする力、すなわち「社会力」を育てることをめざしました。生まれ育った地域を基盤として捉え、人々の生き方や歴史・伝統に触れ、産業を学び、地域に参加・参画する。そのことは地域への誇りや愛着を育み、戸沢の未来を切り開く原動力となるという考えの下で取り組みは始まりました。

経験も長く、地域の人々をよく知っている当時の社会教育課長が、地域毎の青少年育成推進員を中心に地域で学ぶ活動を行っていきました。子供の社会力を育てるために、地域の方々の積極的な力を借りて、「通学合宿」を新しく行いました。子供たちは、実際に自分たちの力で生活をすることで学びの大切さに気づくことができたと思いますし、自立心も養うきっかけになったのではないかと考えます。合言葉は、「口は出しても手は出さない」でした。地域の方々の工夫でプログラムや期間も柔軟に考えてもらいました。また、子供に直接関わる先生方の社会力を高めようと、与えられた研修ではなく、自分から求めるものへと変えていきました。

これまで教科毎に行っていた村の研修会は、先生方の課題を解決するために何を学びたいかというアンケートをもとに「特別支援に関する研修」「人間関係トレーニングを学ぶ研修」「地域を学ぶ研修」の三つにしました。このとき先生方の求めた一番の研修は「特別支援に関する研修」でした。子供たちの様子から、これまで以上に必要性を感じていたのだと思います。

もう一つは、「文化創造研修事業」です。教育は学校だけで行われているものではありません。先生方自ら他分野の教育を自分で求めて体験してみる研修です。大相撲の北の湖部屋(当時)、宮大工の鵤工舎《いかるがこうしゃ》、ジュビロ磐田のユースチーム、中には、夏休みにイギリスで学ぶ先生もいました。報告会での先生方の熱い話は、今でも鮮明に思い出されます。このような先生から学ぶ子供は幸せです。子供たちが「かくありたい」と思える教師だと思いました。

先生方が求めた研修を具現化しようと、特別支援教育では、神田小学校の教師に中央研修に行っていただき皆で学びました。戸沢小学校には、筑波大学教授の指導の下、心ほぐしにもつながる体育科の体ほぐしの運動を実践していただきました。古口小学校には、山形大学教授に「地域共育カリキュラム」づくりのアドバイザーとして教育課程に位置づけていただきました。

この間に村組織の機構改革があり、学校教育課と社会教育課を合わせた「共育課」が出来上がったことも大きな推進力となりました。また、これまで最上地方に高等教育を学ぶ機関がなく、大学の専門教育をこの地域を生かしていこうという話があり、子供たちが山形大学の先生や学生とともに学ぶことで将来の学びの姿を実感できる機会になったことも影響が大きかったと思います。

角川地区での地元学の活動では、はじめは何もないと話していた地元の方々が、里山の宝探しの活動を通して自分たちの生活の知恵などを子供たちに伝えてくれました。自信を持って語る地域の方々に子供たちは誇りを感じたはずです。

各学校の授業改善の努力も大いにあります。学校で学んだことの意味を価値付け、関わりの中で地域の先達者の生き方や知恵を学ぶことを続けてきたことが、義務教育後も後伸びする力に育ったのだと思います。手本のない中、失敗もしながらの手探りでした。
学校、地域が共に子供の社会力を高めようとしてきた取り組みが、当時の五年間、小学生の学力テスト（ＮＲＴ、図書文化社）の数値が毎年上がり続けることにつながりました。

2　共育の内容

これまで戸沢村で実施されてきた「地域共育活動団体」による具体的な活動内容を表５に示しました。平成十二年度頃から本格的に始まった内容は、現在も各地域で活動している団体が多数あり、その地域の自然や伝統文化を用いた体験活動等を行っています。平成二十五年度には、戸沢村の四つの小学校が一つに、二つの中学校が一つに統合されました。また、平成二十九年度には、小学校と中学校が併設され校舎一体型の小中一貫校になりました。学校としての形は統合によりなくなりましたが、その活動は継続されています。

学校はよく「地域コミュニティの中心」という話を聞きます。戸沢村でも学校が一つになったことにより、地域の方々から、「地域の子供たちの姿が地域で見られなくなった」「なかなか学校に足が向かなくなった」という声を聞くことが多くなりました。その課題を解決するため、戸沢村では、子供たちを各地域に帰し、地域の大人が積極的に子供と触れ合う機会をつくっていただくことを重視してきました。具体的施策として、地域主導の通学合宿や地域共育カリキュラム（総合的な学習の時間の系統的・総合的計画）、各地域の共育活動団体の支援等を行ってきたところです。

そして、平成二十九年度からは、「学校運営協議会制度（コミュニティ・スクール制度）」を導入しました。目的としては、学校での教育活動の「情報」の共有化と将来このような子供に育てたいという「願い」の共有化を図り、地域との「共育」を推進していくためです。

子供たちは、「地域の宝」です。そして、学校や家庭と共に協働し育んでいくことができる「地域」もまた、「宝物」なのです。

表５　戸沢村の地域共育活動団体とその活動一覧

活動年度	団体名	地 域	活動内容等
平成９年～現在	角川太鼓を育てる会	角川地区	・当初は、角川中学校の総合的な学習での太鼓演奏を支援する団体として発足。 ・現在は、小中高校生、一般を会員とした創作太鼓「角川太鼓」の練習を通年で行っている。また、依頼により各種イベント等に出向き、演奏を行っている。
平成９年～現在	真柄みこし会	古口地区	・いったん途絶えた地域内に伝わる神楽を復活し、小中学生に対して神楽やそれに伴う笛や太鼓の指導を行うために発足。 ・現在は、神楽の指導の他に、真柄地域に伝わる子供みこしや納涼祭を主催。地区の自治会や子供育成会等と連携して、地域全体のお祭りを行っている。
平成 12 年～現在	乙夜塾《おとやじゅく》	古口地区	・旧古口小の総合的な学習の時間に、縄ないやわら細工など、ものづくりの指導を行ったことがきっかけで会が発足。 ・現在も小学生や大学生を対象に、わら細工として伝統的な「わらじ」「虫かご」「はけご」など、ものづくりを行っている。また、小学校の総合的な学習の時間に門松づくりの指導を行ったり、保育所のなし団子づくりなどの伝統行事の指導等を行ったりしている。
平成 13 年～現在	向名高親子三代触れ合い塾	戸沢地区	・以前から取り組んでいたグランドゴルフを、老人クラブ、子供会、保護者など、世代を超えて交流を図ることを目的に、会を設立。 ・現在も地区内に「親子三代触れ合い農園」があり、それを利用して里芋を栽培。収穫時に合わせ、地区民でグランドゴルフ大会や芋煮会を行っている。また、小学生を対象として通学合宿を主催。
平成 14 年頃～現在	各地区通学合宿実行委員会	全村	・各地区の自治会を中心に、公民館等で共同生活しながら生活体験等を行う通学合宿を実施するために組織。 ・現在も主に小学生を対象に、企画・運営している。

平成14年～現在	蔵岡ふるさと塾	古口地区	・「子供の居場所づくり」の一環として、農業体験、伝統文化を通して子供たちの体験の場を提供する目的で会を発足。 ・小学生を対象として、蔵岡地区通学合宿を主催。また、収穫祭として、地区の自治会や子供育成会等と連携して、地域全体のお祭りも行っている。近年では、地域の冬の祭りとして、蔵岡紙風船祭りを主催。
平成14年～現在	津谷未来塾	戸沢地区	・「子供の居場所づくり」の一環として、地区の公民館を開放し、学習塾を開催したことがきっかけ。その後、和凧づくりや料理教室等、様々な体験活動を取り入れながら活動を行ってきた。 ・現在は、地区自治会や子供育成会等と連携した地域全体の夏祭りや小学生を対象として通学合宿を主催している。
平成15年～現在	角川ふるさと委員会	角川地区	・もともとは角川小・中学校の学校評議員会として発足。角川地内の自然や伝統文化等を題材として、小中学生に対象に学びの機会を継続して提供している。 ・現在は、小中学生や一般を対象に、村内の名所である浄ノ滝トレッキングと村の花ヒメサユリの観察会を行っている。また、小中学生を対象に、通学合宿を主催している。
平成15年～現在	松坂自然塾	戸沢地区	・地区内に生息するメダカやハッチョウトンボなど貴重な生物とその環境を保全するため、平成15年に会を発足。 ・現在も環境学習の指導の他、小学校と連携してビオトープの木道づくり、小学生を対象とした通学合宿を主催している。
平成16年～現在	北ノ妙創郷《きたのみょうそうごう》大学《だいがく》	古口地区	・古口地内北ノ妙地域に、「メダカの学校」「田んぼの学校」「山の学校」「土の学校」の各種学校ができたため、総合大学を作ろうということになり、「郷を創る」という意味で「北ノ妙創郷大学」を設立。 ・現在も、小学生を対象に古口地区通学合宿を主催。また、「メダカの学校」として絶滅危惧種であるメダカを育てるための池や木道の整備、「山の学校」として、炭焼き体験などを行っている。山形大学フィールドワークの受け入れも行っている。

平成 18 年 ～現在	名高伝承 クラブ	戸沢 地区	・地域に残る自然や伝統文化を子供たちに伝えることを目的に、会を設立。(平成 18 年に名称を現在の「名高伝承クラブ」に変更) ・現在は、地区内の田んぼを生かし、田植えや稲刈り、門松作り、お祭灯など、地域に伝わる米づくりに関する伝統行事を子供たちと共に行っている。また、小学生を対象とした通学合宿を主催している。
平成 20 年 ～現在	神田きこり 倶楽部	神田 地区	・以前から行われていた森林の環境保全活動をさらに充実させる目的で、平成 20 年度、神田地内の元営林署職員のメンバーが集まり、会を結成。 ・現在も、総合的な学習の時間の一環として、小学生に炭焼き体験の指導や、地区子供会と連携し門松づくりを行っている。
平成 25 年 ～現在	おはなし サークル くれよん	全村	・各小学校区にあった読み聞かせサークルを、戸沢小学校統合に合わせ、一体化させた形で結成。 ・現在は、保育所や小・中学校、村の施設等で定期的に読み聞かせを行ったり、福祉部局と連携したブックスタートへの協力を行ったりしている。また、主催事業としてブックフェスティバルを開催している。

※「神田妙見塾」は現在休止中ですが、通学合宿はその中のメンバーで継続されており、「各地区通学宿実行委員会」に含まれます。

3　共育活動の実践

(1) 共育活動「地域活動団体と社会力育成」

平成十七年度に、次年度からの山形大学フィールドワークのスタートに向けて、準備作業がスタートしました。どの市町村も具体的な内容が決められず苦心している中、戸沢村は、いち早く四つの講座を企画し、すぐにでも実施できる体制を整えていました。これには、村が推進してきたある取り組みが大きく関係しています。平成十一年度に戸沢中学校が「開かれた学校づくり推進校」に指定されたことを機会に、村では「地域と学校づくり推進会議」を発足させました。その後、次々と各小学校区に地域活動団体が誕生し、子供たちの豊かな体験学習の担い手となっていきました。例えば、古口地区には「乙夜《おとや》塾《じゅく》」「北《きた》の妙創郷大学《みょうそうごうだいがく》」「蔵岡ふるさと塾」、角川地区には「角川里の自然環境学校」、戸沢地区には「松坂自然塾」、神田地区では「妙見塾《みょうけんじゅく》」などです。

「乙夜塾《おとやじゅく》」収穫感謝の餅つき

　これらの活動団体は、地元の小中学生と一緒に、田植えや稲刈りなどの農業体験、ビオトープづくりなどの環境保全活動、伝統文化の継承など豊かな体験活動の場を提供してきました。また、今でも続いている戸沢村通学合宿もこれら各地域の活動団体が受け皿となって、いわゆる地域主導型の通学合宿を実現してきたのです。これらの団体が地道に活動を続けてきたおかげで、山形大学フィールドワークの話があった際もすぐに対応できました。

　活動団体のメンバーは、六十歳以上のベテランの方々が中心です。しかし、それを逆手にとって、フィールドワークの講座は、高齢者を〝幸齢者〟にアレンジした「戸沢村の元気印！幸齢者集団の生き様に学ぶ」や、過疎化を前面に出した「田舎へとまろう～戸沢村編、希少生物の住む里～」「おもしろ役場職員～村騒がせ奮闘記～」「里の自然文化体験講座」などを準備することができました。

　幸いなことに、戸沢村の講座にはたくさんの学生が参加してくれて、楽しみながらも熱心に学んでくれました。授業としての講座が終了した後も、餅つきや冬

「北《きた》の妙創郷大学《みょうそうごうだいがく》」幸齢者集団の生き様に学ぶ

の紙風船祭りなどにプライベートで参加した学生も少なくありませんでした。そして、二年目と三年目には、戸沢村でのフィールドワークは、八つの講座を提供することができるまでになったのです。

この山形大学フィールドワークを担当した筆者が嬉しかったのは、学生たちの満足気な表情やレポートに記された戸沢村に対する温かい思いに触れることができたことです。また、小中学生にとっては、滅多に接することのない大学生と交流する貴重な機会となったこと、そして、何より関わってくれた高齢者中心の地域の方々が、ますます元気になっていったことでした。

戸沢村には、農作業を教え、わら細工を伝授し、学生の歌う替え歌に涙し、最終日には「また来いな」と握手してまた涙し、翌年のフィールドワークを楽しみに待っている情熱あふれる地域指導者たちがいたのです。小中学生と地域の人々が様々な活動をしてきた地域団体は、大学生も関わるようになって、一層地域活動が活性化していきました。

「妙見塾《みょうけんじゅく》」田舎へ泊まろう～希少生物の住む里～

さらに、我々を後押ししてくれたのは、当時、門脇厚司先生（前出）の熱い支持でした。〝社会力〟の育成こそ今の子供たちに必要な力であり、必ず学力も向上するはずであると提唱された門脇先生から、戸沢村の「共育」の取り組みが認められ、著書の中で紹介されたのです。この〝お墨付き〟をいただいたことで、村が推進している地域の学校づくりはさらに勢いづき、軌道に乗っていきました。

門脇先生は、その著書『子供の社会力』（岩波新書、一九九九）の中で、社会力とは「社会を作り、作り変えていく（創る）能力」を意味する造語であると述べています。そして「社会力の育成こそ急務である」と訴えています。では、なぜ社会力育成が必要なのでしょうか。まず一つ目は、社会力を育てることが学力向上にストレートにつながるからです。社会力の衰弱、すなわち、多様な他者とよき関係を構築する能力の低下が脳の機能の低下をもたらし、低下した脳が学習意欲の低下を含む達成意欲の低下をもたらし、学習意欲の低下が学力の低下をもたらした、ということです。

人間は社会的動物であることを運命づけられた生物ですが、その社会的動物として備えているべき資質能力、すなわち著者のいう社会力の低下ないし衰弱が遂に脳の機能にまで影響を及ぼすに至り、向上心や知的好奇心を衰えさせ、学習意欲の低下となって現れ、そうした結果として学力の低下となって表面化したということです。

二つ目の理由は、社会力を培い育てることが、能力格差および階層格差に伴う社会的に厄介な諸問題を解決するための決め手になると考えているからです。

では、社会力を形成するために何が必要なのでしょうか。著者は、親が子供と関わることを喜びにして子育てを楽しむこと、そして、子供を中心にして、地域の教育力などを高めることが必要だと力説しています。そして、著書の中で「子供の社会力は、生きることに対する大人たちの前向きな姿勢があり、それから発する強いコミュニティ意識があり、それに根ざした大人たちの地域づくりに連なる様々な活動があり、その中に子供を取り込みつつ重ねられる大人と子供の相互行為の過程で育てられ強化されていくのだと考えるべきである。」と結論づけています。

これはまさに、戸沢村における地域の学校づくりそのものです。元気いっぱいの前向きな高齢者集団では、農作業やわら細工などを子供たちに教え、地域の大人たちが本気でホタルの舞う里山を復活させ、希少生物の環境保全のためにビオトープをつくります。地域主導型の通学合宿では、保護者以外の地域の大人たちが、公民館に寝泊まりして学校に通う子供たちを支援します。戸沢村の各地区は、子供たちの通学合宿に予算を計上しています。この地域コミュニティの強さは強烈です。そんな前向きな地域の大人たちの姿は、子供たちの目には人生の素晴らしいお手本としてうつっていることは間違いないでしょう。

こうして戸沢村において長年続けてきた地域活動団体による様々な取り組みは、着実に子供の社会力を育ててきたのです。

(2) 共育活動「学級づくりと学力と社会力」

戸沢村内の小学校で、ある学級を担任したときのことです。初めて出会うタイプの子供たちに戸惑いました。授業中に、断りなしに立ち歩きをして教室から出て行くのです。ノートはとらないし、学習用具もなかなかそろいません。指示は通らず、平然と私語をしていました。そのような子供がいる一方、我関せずと学習を続ける子供がいるのです。学級崩壊にかなり近い状態でした。

そこで、特別支援教育専門家チームからの指導・助言をいただき、学級内で「公認」となっていた授業中の立ち歩きを封じることにしました。「一学期は三回まで、二学期は二回まで、三学期は一回まで立ち歩きを認める。立ち歩きをする際には必ず教師に断る」というルールをつくったのです。違反した子供には休み

とざわ名物「イカダ塾」

時間がありません。当初は文句を言ったりする子供がいましたが、やがて学級公認のルールとなり、立ち歩きをしてはならないという意識に自然と変化していきました。

さらに、学習に集中できない子供と話し合って、学習に参加するための計画を作りました。学習に参加する時間を毎月五分間ずつ増やしていくという計画です。五月は、四十五分間の授業時間中五分間だけ参加すれば授業中の読書を認め、六月は十分間、七月は十五分間……という具合に五分間ずつ授業に参加する時間を増やしていったのです。これは、決して強要したわけではなく、子供の心に訴えかけて作った子供自身の計画でした。もちろん計画通りに進むはずがありません。くじけそうになるときがあります。そんなときには、がんばりを認める他の子供からの言葉と地域の大人の声が継続のカギとなりました。

また、社会力（関わりを通してつながり続け、よりよい社会をつくろうとする意欲や行動力）の提唱者である門脇厚司先生（前出）ら、他県における調査データに基づいた「学力を向上させても社会力は伸びない

鶴岡市（温海町）との海釣り交流

が、社会力が伸びれば学力が伸びる」という理論をお聞きし、戸沢村全域で行っている取り組みを自信を持って続けるようにとのアドバイスをいただきました。「多様な経験や様々な人との関わりによって、社会力と望ましい行動様式が身につき、学力も向上していくに違いない。」と考えた筆者は、保護者にその旨をお伝えし、地域共育活動への子供の参加を促していただきました。「地域通学合宿」「とざわイカダ塾」「古口ホタル祭り」「蔵岡紙風船祭り」への参加、温海町（現在は鶴岡市）の子供たちとの釣り交流など、子供たちは体験活動を重ねるにつれて徐々に変化していきました。

ただし、多様な経験や様々な人との関わりさえあれば社会力がついていくというものではなく、子供自身の気づきや学びをフィードバックさせることによって次の体験学習につなげていくというサイクルが重要でした。そのため、「総合的な学習の時間」を活用して地域共育活動の指導者に来校していただき、体験後の子供自身の言葉を全体の場で取り上げて、考えを共有するようにしました。「うまくいったことは何か」「どこがうまくいかなかったのか」「その

紙風船祭り

ような原因はどこにあるのか」を共に考え、次の活動と学びにつなげていくようにしたのです。

このような取り組みの結果、一年間で、子供たちには互いのがんばりを称賛しようとする心が育ち、学級にまとまりのようなものができました。授業が成立し、全員がテストに真剣に取り組むようになりました。当然、学力は向上しました。子供たちを取り巻くすべての方々の協力があったからこその成果でした。

現在、戸沢小・中学校では、地域共育活動を「総合的な学習の時間」に組み込んだ「地域共育カリキュラム」を柱に、小・中学校九年間を見通した「ふるさと学習」を進めています。中学三年生では、学びの集大成として、戸沢村の議員さんや地域共育活動指導者の方に向けて、よりよい戸沢村をつくるための「村への提言」を行っています。

(3) 共育活動「戸沢流通学合宿」

通学合宿は、以前から全国各地で展開されてきていますが、担当者の意欲や理解度で事業内容が左右される傾向があり、継続した事業に至らない悩みが聞かれます。そんな中、平成十四年三月に開催された「通学合宿全国フォーラム」に参加した事務局職員が中心となり、戸沢村の実態に即した効果的な通学合宿の在り方を練り上げ、平成十四年度から導入したのが「戸沢流通学合宿」の始まりです。

今年十五年目で、その継続の最大の要因は、各集落単位で実行委員会を組織し、地区会ぐるみでバックアップしていく体制づくりが功を奏したものと考えられます。通学合宿を実施して、子供たちと地域の方々が関わり合うことによって、普段会話のない人との結びつきができ、「社会力」を育む上でこんなに波及効果の大きい事業になるとは思いもしませんでした。

「通学合宿」もらい湯

ここで、「戸沢流通学合宿」についてその特徴を説明いたします。通学合宿のねらいとしては、①異世代交流（子供たちと地域の様々な方が関わり合うことによって、人と人との結びつきを強め、子供たちの社会力を養う）、②生活体験（食事作りや洗濯、掃除などの基本的な生活作業を直接体験することによって、親の存在や家族の大切さや食の楽しさに気づく）、③共同生活（共同生活を通して、生活する技能や自立心を高める）ことの三点が考えられます。「戸沢流」の特徴は以下のとおりです。

戸沢流通学合宿の特徴

・主宰は各集落単位の実行委員会で、青少年育成団体（戸沢村青少年育成村民会議）や教育委員会、学校は後援となっています。
・宿泊場所は、各集落の公民館（自治公民館）を使用します。
・複数の地域が協力して行う場合は公民館を年毎に輪番に活用したり、自分の居住地以外の公民館に宿泊するなど、地域の実態に合わせて計画できます。
・指導者は、地区役員や地域のお年寄り、婦人会等、保護者以外の方々が担当します。ですから、保護者は原則として通学合宿中は、子供に会うことはできません。
・地域の方々が、公民館で夕方子供たちを出迎え、朝学校に送り出します。
・料理や食料品の買い出し、学習、起床・就寝など生活全般を子供たちが役割分担して自主的に取り組みます。指導者は子供たちを見守る姿勢で接します。
・高校生ボランティアや中学生ボランティアがサブリーダーとして活躍しています。地域によっては、中学生も通学合宿に参加します。
・お風呂に関しては、「もらい湯」を行います。子供たちは、近くの老人世帯や子育てを終えた家庭にいってお風呂を借ります。そこでコミュニケーション能力を養います。また、合宿後のつながりを図る目的で、子供のいない家庭でお世話になります。
・学校と連携して実施時期を調整し、七月と九月を通学合宿時期としますが、活動内容や宿泊日数等はすべて集落毎の実行委員会で企画します。多くの集落では、二泊三日～三泊四日で実施します。子供たちが主体的に取り組めるようなプログラムを設定するよう確認しています。

これまでの十五年に及ぶ通学合宿の成果として、次のことがあげられます。

① 「社会力」の向上

通学合宿を通し、子供間の異学年交流や子供と関わる高齢者同士のつながり、高校生・中学生ボランティアなど、世代をこえた新しい交流の輪が広がってきました。平成十七年度、門脇厚司先生（前出）の調査要項をもとに行った聞き取り調査では、子供や地域指導者の「社会力」が確実に高まったと証明されました。

② 「地域の子供たちは地域ぐるみで育てる」意識の醸成

地区総会や婦人会総会、老人クラブ総会の事業として通学合宿を位置づけ、計画・実施・支援まで承認いただき、地区全体の事業として捉えていただいたことが、地域主導の活動として発展していく要因と考えます。その結果、地域と学校、子供たちとの結びつきが強くなり、地域に開かれた学校、学校に開かれた地域に変容してきました。

③ 「共育」の確立

「通学合宿」夕食づくり

子供たちから「元気をもらっている」という地域指導者が多く、決して〝子供たちのため〟だけでなく、大人自身の楽しみや喜び、感動につながる体験となっています。まさしく本村で標榜している「共育」といえます。

(4) 共育活動「合鴨農法による米づくり」

筆者は、戸沢村立神田小学校で五・六年生十人の担任として勤務したことがありました。当時、教育委員会が掲げる「共育＝地域と共に歩む学校」を御旗に、社会教育の広い視点から、学校外にも学習材や環境を求めつつ、地域の幅広い年代層との体験交流が積極的に行われていました。地域の自然や文化・伝統に関わる人的活力やその継承が、いかに価値あるものかを肌で感じ、その上で子供たちの体験学習に活かすことができたと感じております。その当時の具体的な取り組みを以下に挙げます。

在職中で最も大きな地域連携プロジェクトは、五年生担任時の「合鴨農法による米づくり」でした。ここに、地域

田んぼの中に合鴨の赤ちゃん

の力を存分にお借りして取り組むことができた「合鴨農法奮闘記」の一部をご紹介します。

赴任して間もない四月、米づくり計画が始まりました。子供たちが、とても意欲的に発言したのを印象深く覚えています。「去年の田んぼは遠くて、世話や観察ができなかったって。」「校舎横の一枚田んぼって、うちのじいちゃんの知り合いの田んぼだよ。」「あそこだったら、世話も観察もすぐできる。」「こども新聞に、無農薬とか合鴨農法のことが出てたよ。」「新庄に子ガモが泳いでる田んぼ見たよ。」など、事前に少々布石を打っておいたこともあり、あっという間に子供たちの好奇心と探究心に火がつき、合鴨農法での米づくりが動き出しました。自分たちで歩を進めていく頼もしさを感じ、と同時にそれが、これまでも周囲の大人たち・地域住民の方々の支えに裏付けられたものだということを、後になって実感することとなりました。

まず、校舎に隣接する田んぼをお借りできたことで地主さんとのパイプができ、そのネットワークで農家保護者が連携し、手植えによる田植えの段取りや直前までのハウス工程等を取材・体験できました。そして、五月晴れの日曜日に田植えが行われました。子供はたった十名ですが、その親や祖父母とその知り合い、学校職員、農協の方、地主さんとその奥さんやご近所の方等、総勢四十名余りが参加した、にぎやかな田植えとなりました。泥の感触も手植えの難儀さも、幅広い年代層との交流の中で学び、味わえました。

ある農家の保護者の伝手で、新庄の合鴨農家から赤ちゃん鴨十二羽を譲ってもらい、田植え後、まだ苗が細々しい水田に放しました。しかし、その後、合鴨たちに起こるショッキングな出来事は、子供たちにも大きな衝撃を与えることとなりました。あくる朝、二羽の子ガモがいなくなったことで五年生の子供たちはおろか、学校中が大騒ぎになったのです。実は、五年生の子供たちは、合鴨を譲ってくださった方のお話や、調べ学習の中で「子ガモの天敵ナンバーワンは、空から襲来するカラス」であることを知り、田んぼの一角に設置した合鴨ハウスの屋根上部をネットで覆ったり、カラス除け（黄色い目玉バルーン）を増やして付けてもらったりして、田んぼに近づく怪しいカラスを見張っていたのでした。この時期、小石を投げる子・エアガンを撃つ子が多いと問題になり、後でよく聞くと、合鴨を襲うカラスを狙ったものでした。カラス対策については、ちょうど大人たちから更なるアイディアを求められ、子供たち自身も必死で作戦を練り合っていた矢先の出来事だったのです。

結局、早急な対策を講じる必要から、代表世話人にあたる方の即決で「碁盤の目状のテープ包囲」を施しました。約一メートル間隔で縦・横の碁盤の目状に地上から一～二メートルの高さ付近にテープを張りめぐらして、カラスの侵入を防ぐというものです。子供たちは、自分が子ガモを心配する以上に、その安全対策を講じる大人たちの頼もしさ、知恵、迅速な行動力、ネットワーク力に憧れを持つに至ったことは間違いありません。

実は、合鴨農法プロジェクトには多くの課題もありました。カモの糞が自然の肥やしになる分、その臭いが風下のお住まいまで流れてしまったり、役目を終えた合鴨が食用として地域の方々にさばかれ、それが子供の知るところとなったり、担任としての配慮不足が要因の出来事も多々ありました。しかし、本プロジェクトに関わっていただいた多くの保護者や地域住民、支援スタッフ、講師となっていただいた方々が、十名の五年生の生き方・考え方に少なからず影響を及ぼし、秋の稲刈り作業や収穫祭、わら細工教室まで一緒に関わり交流を楽しんでくださいました。

恒例の全校行事「学習発表会」では、五年生十名で約六十人への招待状を手作りして届けました。本番当日、ステージ上で堂々と「合鴨農法」の成果発表する子供たちの姿、それを誇らしげに見守り拍手喝采する地域の方々の笑顔は、忘れ難い思い出です。

Door. 6

「特別支援教育」システム

1 「特別支援教育」の捉え方と知能優秀児への対応

(1) 特別支援教育の定義

二十一世紀に入り、特殊教育から特別支援教育へ転換されました。我が国の障害児教育にとっては、画期的な出来事でした。そして、特別支援教育は、法律の一部改正を経て平成十九年四月から本格的にスタートしました。特別支援教育の定義については、文部科学省(二〇〇三)が以下のように述べています。

> これまでの特殊教育の対象の障害だけでなく、その対象でなかった学習障害(LD)、注意欠陥多動性障害(ADHD)、高機能自閉症(HFA)をも含めて障害のある児童生徒に対してその一人一人の教育的ニーズを把握して、当該児童生徒の持てる力を高め、学校における生活や学習上の困難を改善又は克服するために、適切な教育や指導を通じて必要な支援を行うもの。

すなわち、これまで対象とされた七種の障害(盲・弱視、聾・難聴、知的、肢体不自由、病弱・身体虚弱、言語、自閉症・情緒)に、新たに学習障害(LD)、注意欠陥多動性障害(A

DHD）、高機能自閉症（のちに、自閉症スペクトラム障害（ASD））といった、これまで外見上では気づかれなかった発達障害も含めることとなりました。発達障害は、平成二十四年の全国調査で小・中学校の通常の学級に六・五％、つまり一学級の中に約二〜三人程度いることが報告されました。

戸沢村では、当時、全国の状況と同様に小学校にADHDと疑われる子供が数人いて、学級崩壊に近い状況となっていました。そこで、平成十八年二月に山形県の特別支援教育巡回相談事業を活用して、山形大学から専門家を要請することにしました。これが戸沢村における特別支援教育の始まりです。小学校では、専門家の指導・助言を受けて徐々に学校・学級が落ち着いてきました。そして、その教育成果を受け、平成十九年度からは、村独自の予算を計上してすべての保育所、小学校、中学校に専門家チームの巡回相談とスクリーニングを実施することになり、本格的に特別支援教育がスタートしました。時同じく、我が国も特別支援教育元年で全国的にスタートしました。

戸沢村の特別支援教育は、そのシステムを構築するために、「特別支援教育推進委員会」と「特別支援教育専門家チーム」を組織し、村内すべての子供のスクリーニングから始まりました。そして、特別支援教育を、以下のように定義づけました。

戸沢村の特別支援教育は、これまでの七つの障害や発達障害（LD、ADHD、ASD）の診断（医療）や判断（専門家チーム）だけでなく、それらの疑い・気質・傾向があったり、その他、登校しぶり・不登校、場面緘黙、ネグレクト・虐待、知能優秀、経済的困難、教育放棄など、教育的ニーズを必要としている、**すべての幼児児童生徒を対象**として、幼児児童生徒の持てる力を高め、学校園における生活や学習上の困難を改善又は克服するために、適切な教育や指導を通じて必要な支援を行うものである。

つまり、戸沢村では、居住しているすべての幼児児童生徒に対して、特別支援教育を行うという考え方です。明確な障害がなくとも、子供たちは何かしらの困難や不安を抱えているものです。それに対応するのが特別支援教育であるという考え方です。なお、高校生以上でも、引きこもりや就職困難等になっている場合にも要請があれば「特別なニーズを必要としている」と捉え、特別支援教育の対象となります。

(2) 知能優秀児の教育

ここで注目したいのが、「知能優秀児」を特別支援教育の対象に含めていることです。優秀な子供は、その才能をもっともっと伸ばします。全国で見られる通常の学級での特別支援教育では、特に発達障害児に視点が当てられ、その子供に対応したり改善することに力を注いできた感があります。そのことは当然なのですが、その半面、教室の中でいわゆる「できる子、頭の良い子」に対して、その才能を十分に伸ばしきれていない現状があるのではないでしょうか。学級の中には、知的に優秀な子供が少なからずいます。

戸沢村では、すべての幼児児童生徒が特別支援教育の対象となりますから、当然、このような知能優秀児も障害がなくとも配慮を要する対象となります。知的な能力をさらに伸ばしてあげるという考え方です。この考えを持つためには、担任・教科担当にとって相当な「意識改革」をしていく必要があります。なぜなら、担任・教科担当は、目の前の「話を聞いていない子、離席する子、勉強ができない子、暴れる子」などがいると、それに目を奪われ、その対応に四苦八苦していて知能優秀児に目をかけてあげることが少なくなってしまうからです。

そこで重要なことは、静かで落ち着いた教室環境の中で学習を進めていく必要があります。教室の中がガヤガヤして騒がしかったり、離席する子などがいれば、知的に優秀な子供でさえも学習に集中できません。学級全体が静かで集中して授業ができれば、必然的に学習成績も向上するはずです。

ポイント

①すべての子供を特別支援教育の対象にする。
・障害がない子供でも何かしらのニーズを抱えていることを念頭に置いて教育する。

②「知能優秀児」も特別支援教育の対象（配慮を要する）であるというように、教師の意識改革をする。

③発達障害児等を適応させ、静かで落ち着いた中で学習ができるように、教室環境を整える。

2　特別支援教育システム化の六つの柱

戸沢村の特別支援教育の始まりは、前述したように平成十八年二月からですが、当時は、専門家一人が〝困り〟のある発達障害児等に対する指導・助言をすることで、ある程度の成果が得られていました。しかし、このような方法では、そのときだけの場当たり的な対応だけに終わってしまい、機能的な連携までは程遠く、次につながらないことが課題となっていました。

そこで、戸沢村教育委員会は、平成十六年度に最上広域圏の八市町村と「包括協定」を締結し、広域圏全体をキャンパスとする「山形大学エリアキャンパスもがみ」を設立していたこともあり、平成十九年四月から山形大学特別支援教育臨床科学研究所の協力を得るとともに、山形県北地域のリーダーとして近隣の最上町教育委員会や大蔵村教育委員会と一緒にスクラム（後に六市町村に拡大）を組みながら特別支援教育システム化を構築していくこ

戸沢村特別支援教育推進委員会

とにしました。そのため、戸沢村内のすべての保育所、小学校、中学校を対象とし、同レベルで特別支援教育に取り組むことにしたのです。

システムを構築するということは、担当者が代わっても一定の教育の質と量が保障されるということです。関係機関の連携も継続されます。予算がなくなって事業をやめるということはなくなるでしょう。この特別支援教育システム化は、次の六つの柱を基本としています。

特別支援教育システム化の六つの柱

① 特別支援教育推進委員会の設置と特別支援教育専門家チームの配置
② 専門家チームの定期的な巡回相談の実施
③ すべての幼児児童生徒に支援ランクを明記
④ 障害等判断会議の実施と支援方針の決定
⑤ すべての障害（診断・判断）児に対する個別の教育支援計画と個別の指導計画の作成
⑥ 教師や教育支援関係者への特別支援教育研修を実施

3　特別支援教育の実践

戸沢村では、特別支援教育をシステム化していくために、六つの柱を基本として実践してきました。その具体的な取り組みを紹介します。

(1)　特別支援教育推進のための委員会と専門家チームの立ち上げ

特別支援教育をシステム化するためには、まず、その中心となる組織を作らなければなりません。そこで、村独自で「特別支援教育推進委員会」を立ち上げました。この委員会の目的は、特別支援教育の方向性を考えたり、システムをスムーズに機能させるための方策を練ったり、子供たちの支援が適切に行われているかを確認することにあります。この特別支援教育推進委員会がなければ、村全体の特別支援教育を動かすことはできません。

特別支援教育推進委員会のメンバーは、教育・医療・福祉・保健の各関係機関の代表である、大学教授、医師、教育長、学社融合主事、保育所長、小学校長、中学校長、小学校特別支援教育コーディネーター、中学校特別支援教育コーディネーター、共育課長、保健師、母子専門員などです。会議は、学期毎に年三回開催されます。

また、「特別支援教育推進委員会」の中で、保育所、小学校、中学校に巡回相談をして指導・

助言する役職として、「特別支援教育専門家チーム（以下、専門家チーム）」を配置しました。専門家チームは、小回りが利くように、大学教授、学社融合主事、保健師、共育課長補佐のメンバーです。

この組織の立ち上げにより、特別支援教育全体を統括できるようになり、戸沢村の特別支援教育が一歩も二歩も前進するようになりました。

(2) 専門家チームが定期的に学校園や保護者に指導・助言

専門家チームの役割は、①すべての保育所、小学校、中学校に出向いて幼児児童生徒を参観し、担任等からの相談に応えたり、指導方法等へのアドバイス、②障害の見極めをするスクリーニング、③特別支援対象児への個別の教育支援計画と個別の指導計画の確認と指導・助言、④子育てや家庭教育に対する保護者へ支援と障害理解等のための面談及び保護者講演です。例えば、専門家チームは、不登校や不登校傾向の児童生徒がいれば、「本人参加型不登校改善会議」や「本人参加型不登校予防会議」を実施して、そ

特別支援教育巡回相談

の改善に努めます。また、「就学時健診」の際には、その時間を利用して、小学校への準備や〝困り〟のある幼児の理解と支援について「保護者講演会」を実施しています。

専門家チームの巡回相談は、学期毎に定期で実施されますから、障害や困難性の早期発見、早期支援が可能となりました。何より、担任や教科担当が一人で悩むことがなくなり、自信を持って対応し安心感が持てるようになりました。

(3) スクリーニングで支援ランクを明記

専門家チームは、巡回相談の中で幼児児童生徒をスクリーニングして、障害があるか否かを見極めていきます。そして、すべての幼児児童生徒を七つのランクつまり、Sランク（医療での障害診断あり）、Aランク（専門家チーム等で障害判断あり）、Bランク（障害の疑いがあり検査等必要）、BCランク（障害の疑いがあり経過観察必要）、C（気質や傾向あり配慮が必要）、CDランク（気質や傾向が少なからずあるので配慮が必要）、D（配慮が少ない）に区分して障害の有無や支援段階を決定していきます。SランクとAランクが付いた幼児児童生徒は、障害が確定しているので明確な特別支援教育の対象となり、個別の教育支援計画や個別の指導計画の下に指導・支援を継続していきます。また、Cランク以下の幼児児童生徒は、特に障害はないのですが、何かしらの配慮をしていく必要があります。

このように、すべての幼児児童生徒にランクが付きますので、「知能優秀児」であっても何かしらの配慮を講じなければならないのです。

これまで保育・教育の現場では、「障害があるか否か?」「担任や学校は、何をどのように支援・指導したらよいのか?」「どこに相談したらよいのか?」など疑問や不安が多くありましたが、専門家チームの定期的な巡回相談とスクリーニングにより、次に何をどのようにすればよいのかが明確になり、担任や学校は安心するようになったのです。担任・教科担当は、「知能優秀児」にも、さらに学習できるように学習環境を整えたり指導方法での配慮が必要であることの意識が持てるようになりました。

(4) 五歳児(年長)を個別面接して学力調査

就学時健診とは別に、五歳児(年長)には専門家チームが一人ずつ面接して、平仮名の読み書き、数字の読み書き、絵の描き方、ことばの発音などを調査します。ことばが不明瞭(構音障害の疑い)であれば、早期に「ことばの教室」に通わせて就学前までに改善させます。平仮名の読み書き、数字の読み書き、絵の描き方がで

専門家チームによる5歳児面接

きない場合には、小学校入学後に、国語、算数、生活の教科学習で困難になることが予想されますので、その事実を保護者に伝えたり、保育所で「遊びを通して、ことばとかずの習得」の保育活動をしていただきます。つまり、小学校入学後に不適応になる「小1プロブレム」を防ぐためです。『「東大に入る子」は5歳で決まる』（二〇一七年、小学館）の著者である和田秀樹氏は、「小学校入学時の『自信あるなし』が将来を決める」と主張し、小学校入学前に仮名の読み書き、数字の読み書き、絵の描き方がある程度できていれば、小学校入学後の教科学習において「自信を持って」学習に取り組め、さらに、「褒められる」ので、家庭学習も意欲的に勉強することを力説しています。ある程度の「先取り学習」は必要であると考えます。

(5) 専門家チームで障害等を判断し、支援方針を決定

専門家チームのスクリーニングにより、BランクやBCランクで「発達障害等の疑い」があり、「個別検査が必要」と判断された場合には、速やかに保護者に伝え、その了解を得られるようにします。保護者への伝え方が難しいという意見がありますが、後述する「特別支援教育講座」で『保護者への障害等の伝え方』について実技を通して担任等が研修していますので、一〇〇%に近い受諾率となっています。

個別検査（ＷＩＳＣ-Ⅳ、ＫＡＢＣ-Ⅱ等）は、教育委員会が検査資格や研修を受けた特別支援教育支援講師や教師を指名して実施します。その後、「判断会議」では、障害の有無、医療受診の必要性、支援計画作成の有無、在籍移動の必要性、学習支援の程度と具体的な支援内容、などを決定します。その結果については、アセスメント報告書を作成して保育所や小・中学校、保護者に伝えます。

これにより、特別支援教育の対象児が明確化できるようになり、次に何をすればよいのか方向が見えるようになりました。

(6) すべての障害（診断・判断）児に対して支援計画作成

障害診断や障害判断のある明確な特別支援教育の対象児には、個別の教育支援計画と個別の指導計画が作成することが義務づけられます。新学習指導要領では、通常の学級に在籍する児童生徒は、「作成することが望ましい」と示されていますが、戸沢村ではシステム化された当時から対象児全員に作成されています。担任・教科担当は「特別教育研修講座」に参加することによって、支援計画作成のノウハウを習得できるようになりました。個別の教育支援計画と個別の指導計画の作成は、個人情報の管理の下、決められた書式があり、記載例を示すことで、教師の負担にならないようにしています。表６（六十七頁参照）には、通常の学級用の書式例を示しました。

(7) 独自の特別支援教育研修制度の確立

学校園内で特別支援教育の中心的役割を担うのは、特別支援教育コーディネーター（以下、コーディネーター）です。コーディネーターは、新たに設けられた役職ですから、全国一斉に研修会が実施されました。その研修会は現在なお継続されています。

しかし、実際に発達障害児等や指導が困難になっている幼児児童生徒に対応するのは、担任、教科担当、学習支援員等ですが、研修会が少ないようです。本当に特別支援教育の研修が必要なのは、これらの教師や支援する関係者なのです。どんなにコーディネーターが優秀でも、担任、教科担当、学習支援員等が発達障害児等の理解と対応がわからないまま不適切な対応をしていれば障害が改善されません。

そこで、戸沢村教育委員会では、平成二十一年度から、山形大学特別支援教育臨床科学研究所や近隣の教育委員

コーディネーター研修会

会と連携・協力して、「特別支援教育コーディネーター養成講座（後に、特別支援教育講座に名称変更）」を自前で設定することにしました。対象は、コーディネーターに限らず、担任、教科担当、学習支援員、管理職（所長、校長、教頭）、保育士、保健師などです。講座の内容は、以下に示すとおり、初級が三十時間三十単位、中級が三十時間三十単位、上級が三十時間三十単位で、専門的研修を深めるため三段階を設定しました。講座内容は表7に示しました。この研修は単位制になっているので、受講期限はありません。単位が修了すると、戸沢村教育委員会と山形大学特別支援教育臨床科学研究所との合同で、番号付きの「修了証」が授与されます。

学校園の担任や教科担当の多くは、特別支援教育講座で「初級修了」していますので、コーディネーターの役割が担え、また、発達障害児等への理解と対応が身につくようになりました。これにより、学校全体で特別支援教育の意識と知識・指導技法が高まり、児童生徒への対応もスムーズにいくようになりました。

表７　特別支援教育コーディネーター養成研修（特別支援教育講座）
「初級」「中級」「上級」

初級（一般コーディネーター）　　　　（30 時間 30 単位）

領　域	番号	研　修　講　座　名	単位	形式	備　考
概　論	A-1	・特別支援教育とインクルーシブ教育システム	0.5	講義	
	A-2	・コーディネーターの目的と役割	0.5	講義	
コンサルテーション	B-1	・チーム支援とケース会議	1.5	発表	資料提出討議
	B-2	・Q-U テストの解釈と学級経営	1.5	講義	
理解と支援	C-1	・LD の理解と支援	2	講義	
	C-2	・ADHD の理解と支援	2	講義	
	C-3	・ASD の理解と支援	2	講義	
	C-4	・空間認知障害の理解と支援	1	講義	
	C-5	・ソーシャルスキル活動と支援	1	演習	
カウンセリング	D-1	・不登校の予防と対応	2	演習	
	D-2	・いじめの予防と対応	2	演習	
	D-3	・保護者との連携と障害の伝え方	1	演習	
アセスメント	E-1	・検査の意味と障害判断	0.5	講義	
	E-2	・実態把握のための検査	0.5	演習	
	E-3	・KABC- Ⅱの概要と体験	2	演習	
	E-4	・WISC- Ⅳの概要と体験	2	演習	
支援計画	F-1	・個別の支援計画の内容と作成	2	演習	支援計画作成
	F-2	・個別の支援計画の検討	1	発表	グループ討議
健康・福祉	G-1	・医学的知識と医療機関との連携	1.5	講義	
	G-2	・福祉的知識と連携	1	講義	
	G-3	・進学先の情報と進路選択	1	講義	
コーディネーション	H-1	・評価と活用（発表・報告）	1.5	発表	評価提出、討議
		計	30		

中級（スーパーコーディネーター）　（30時間30単位）

領　域	番号	研　修　講　座　名	単位	形式	備　考
概　論	A-3	・スーパーコーディネーターの目的と役割	0.5	講義	
	A-4	・特別支援教育の最新事情	1	講義	
コンサルテーション	B-3	・地域資源の把握と関係機関との連携	1.5	作成	資源活用表作成
	B-4	・チームで考える戦略的な支援	2	演習	
理解と支援	C-6	・発達障害児への具体的な指導方法	4	発表	教材教具等討議
	C-7	・肢体不自由児・病弱児の理解と支援	1.5	講義	
	C-8	・弱視児・難聴児の理解と支援	1.5	講義	
カウンセリング	D-4	・不登校への具体的な対応	2	演習	実技
	D-5	・いじめ被害への具体的な対応	2	演習	実技
	D-6	・保護者の障害理解のための具体的な対応	2	演習	実技
アセスメント	E-5	・検査報告書の解釈と具体的な指導	2	演習	
支援計画	F-3	・障害に応じた個別の支援計画の作成	3	演習	計画書作成
	F-4	・個別の支援計画の評価と活用	2	発表	計画書討議
健康・福祉	G-4	・医学的知識と医療的ケア	1.5	講義	
	G-5	・福祉的ケアと自立支援	1	講義	
	G-6	・進路支援と進学先の状況	1	講義	
コーディネーション	H-2	・実践のまとめと評価	1.5	発表	評価提出、検討
		計	30		

上級（スペシャルコーディネーター）　（30時間30単位）

領　域	番号	研　修　講　座　名	単位	形式	備　考
専門性総合	S-1	・スペシャルコーディネーターの目的と役割	0.5	講義	
		・専門家チームの任務			
		（判断会議の内容）	2	参加	判断会議出席
		（巡回相談における専門家チームの同行）	1.5	参加	巡回相談同行
	S-2	・専門性向上の自主研修 （コンサルテーション）（理解と支援） （カウンセリング）（アセスメント） （支援計画）（健康・福祉）	16	自由	初級・中級研修講座に自由参加
	S-4	・事例検討	4	発表	資料提出・討議
	S-5	・専門領域の発表Ⅰ（初級研修用）	3	発表	資料提出・発表
		・専門領域の発表Ⅱ（中級研修用））	3	発表	資料提出・発表
		計	30		

ポイント

①自前の特別支援教育システムを構築する。
・特別支援教育推進のための委員会を設置し、自治体独自の専門家チームを配置する。
・専門家チームが定期的に学校園に巡回することで早期支援や安心感を持たせる。
・すべての幼児児童生徒に支援ランクを明記することで、支援の程度や必要性を確認する。
・病院に行かなくとも専門家チームが独自に障害等の有無を判断し、次の方向性を明確にする。
・すべての障害児（診断・判断）に対して個別の教育支援計画と個別の指導計画を作成し、専門家チームが管理する。
・独自の「特別支援教育研修講座」を企画し、担任・教科担当に参加を促して、障害の理解と指導力向上をめざしていく。
②システム化することで、障害発見から課題改善まで短期間で実行することができる。
③システム化することで、担任・教科担当に「特別支援教育力」が備わり、学級が安定して学力向上となり、知能優秀児を育てることにもつながる。
④五歳児（年長）には、専門家チームが幼児一人一人と面接して「言葉の発音、平仮名の習得、かずや数字の習得」を調査し、小学校入学後に教科学習が遅れないように早期教育をする。

4 特別支援教育の体制整備状況と成果

(1) 特別支援教育システムの構築

戸沢村教育委員会が、平成十九年四月から特別支援教育を本格的にスタートさせてから、六つの柱を実践しながら着実に特別支援教育システムが構築されてきました。

一方、文部科学省では、特別支援教育が制度化されて以降、毎年、その体制整備状況について全国の都道府県からまとめ、『特別支援教育体制整備状況調査結果』として、八項目（校内委員会の設置状況、特別な支援を必要とする幼児児童生徒の実態調査、特別支援教育コーディネーターの指名状況、個別の指導計画の作成状況、個別の教育支援計画の作成状況、巡回相談員の活用状況、専門家チームの活用状

表8　特別支援教育体制整備状況調査結果＜公立学校＞（平成 28 年度）　(%)

	自治体	校内委員会	実態調査	コーディネーター	個別の指導計画	個別の教育支援計画	巡回相談員の活用	専門家チームの活用	教員研修の受講
小学校	戸沢村	100	100	100	100	100	100	100	100
	山形県	100	100	100	95.7	92.5	79.1	37.8	89.6
	全　国	100	99.5	94.7	94.7	85.5	85.4	62.4	89.8
中学校	戸沢村	100	100	100	100	100	100	100	100
	山形県	100	99.0	100	94.9	87.9	57.6	55.6	71.7
	全　国	99.9	98.7	100	91.2	82.0	73.4	53.7	80.4

況、特別支援教育に関する教員研修の受講状況）にわたって報告しています。

その特別支援教育体制整備状況を示したのが、表8です。戸沢村では、八項目すべてにおいて一〇〇％の達成率です。すなわち、特別支援教育システムが構築されているといって過言ではないでしょう。このことは、小・中学校のコーディネーターが養成研修を受講して「中級」や「上級」の修了認定を受け、学校内で強いリーダーシップを発揮していることも要因の一つでしょう。特に、通常学級に在学している発達障害児だけでなく、特別なニーズを抱えている子供たちに対しても全員、個別の教育支援計画と個別の指導計画の両方を作成していることは特筆すべきことです。

(2) 特別支援教育コーディネーター修了認定者

平成二十一年度から実施してきた特別支援教育コーディネーター養成研修は、平成二十九年度で九年目になります。戸沢村では、平成二十九年度までで、計五十八人が修了認定されています（表9）。戸沢村の小・中学校教師十一人中五人が学校内で特別支援教育コーディネーターができるということになります。

表9　特別支援教育コーディネーター修了者数（平成29年度まで）

研修段階	初級（30時間）	中級（30時間）	上級（30時間）	計
修了者数	34人	21人	3人	58人

(3) WISC-Ⅳ、KABC-Ⅱの検査と障害等判断会議を実施

戸沢村には、個別検査者講習会を受講して、WISC-ⅣやKABC-Ⅱの個別検査が実施できる教師や学習支援員（以下、検査員）が五人います。この検査員は、戸沢村教育委員会が受講料を負担するなど養成もしています。専門家チームのスクリーニングまたは巡回相談で発達障害等が疑われた場合には、保護者の了解の下で、この検査員が個別検査を学校内で実施します。終了後は、専門家チームによる「障害等判断会議」で障害の有無を判断し、学校内での適切な指導・支援、あるいは医療機関等への勧めを行い、早期発見・早期支援につなげていきます。

5 特別支援教育システムと学力向上の関連イメージ

筆者は、十五年間に渡って保育所・幼稚園・小学校・中学校の「特別支援教育システム化」を構築するために、全国の十七自治体（教育委員会）と協働してきました。この間、年間六〜八万人、計百万人以上の子供に対して障害有無のスクリーニングをし、また、巡回相談での指導・助言、研修会企画等を実施して特別支援教育推進に関わってきました。

このような中で、特別支援教育システムと学力向上には大いに関連があると結論づけます。

たしかに、教室内が騒がしかったり落ち着いていない学校や地域では学力がなかなか身につかず、反して、教室内が落ち着いて安定している学校・学級では学力が高いようです。そこで、このような教育現場の状況から、「特別支援教育システムと学力向上」の関連イメージを図2に示しました。

第1ステージ（混迷期）

特別支援教育システムが機能しておらず、学校全体が混迷しています。教室内には、学習障害（LD）、注意欠陥多動性障害（ADHD）、外向性と内向性の自閉症スペクトラム障害（ASD）、不登校・別室登校などの子供がいます。学校全体が不安定で特別支援教育の体制も不十分なので、担任が孤軍奮闘している状況です。学力の高い子供は少ないようです。

第2ステージ（過渡期）

特別支援教育システムが機能し始め、学校全体が少しずつ支援体制を整えてきます。教室内ではLD、ADHD、内向性ASD・外向性ASD、不登校・別室登校などの子供への

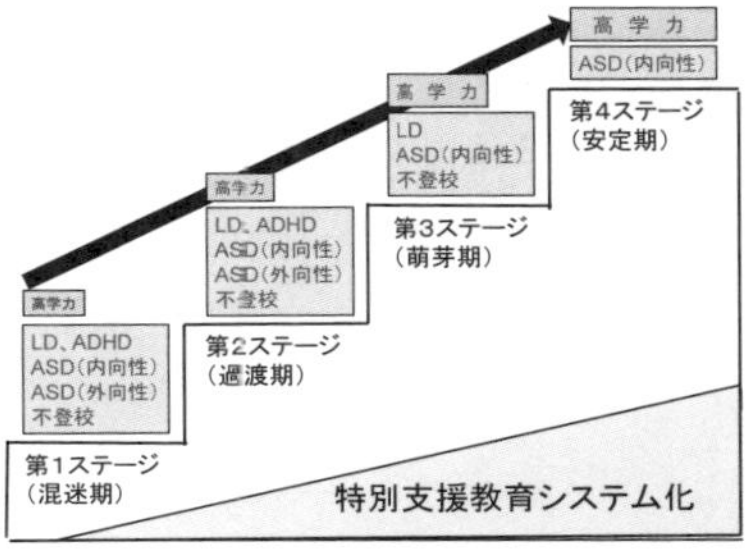

図2　特別支援教育と学力向上

支援が受けられるようになるので、少しずつ困難性が少なくなり安定し始めます。学力の高い子供はまだ少ないようです。

第3ステージ（萌芽期）

特別支援教育システムが機能していますので、学校全体も安定しています。ＡＤＨＤと外向性ＡＳＤの子供は幼児期や小学校入学期の早期から適切な支援を受け、問題行動も少なくなります。学校全体が落ち着いているので、学力の高い子供が出始めてきます。

第4ステージ（安定期）

特別支援教育システムが充実していますので、学校全体も安定状態が継続します。教室内には、さらに理論的で適切な支援によって学習の苦手な子供が少なくなり、不登校・別室登校なども予防と早期対応で皆無となります。学力の高い子供たちが多くなってきます。

戸沢村は現在、苦難な混迷期と過渡期を経て、第４ステージの安定期に入っています。

Door. 7

「大学連携」システム

1　大学との連携と大学教員の支援

山形県内は四地域に分割されており、大学は、日本海側の庄内地域に三大学（山形大学農学部、東北公益文化大学、慶應義塾大学先端生命科学研究所）、県南の置賜地域に三大学（山形大学工学部、山形県立米沢栄養大学、山形県立米沢女子短期大学）、中央の村山地域に六大学（山形大学地域教育文化学部・文学部・理学部・医学部、山形県立保健医療大学、東北芸術工科大学、東北文教大学、東北文教大学短期大学部、羽陽学園短期大学）が設置されています。しかし、戸沢村が位置する県北の最上地域には、大学・短期大学のいずれもなく、空白地となっています。

したがって、この最上地域に住む子供たちにとっては、大学のイメージは薄く、また、地域全体も二十歳前後の若者が少なく、活気のない状況の中で学校生活を送ってきました。この状況を打破しようと、山形大学地域共同研究センターが産学共同開発の目的で「山形大学最上サテライト」を開設したり、山形大学が文部科学省「地（知）

大学との連携会議

の拠点整備事業」の研究により、自治体との地域連携を図ってきました。

戸沢村では、平成十八年度から山形大学のフィールドワークを受け入れ、いち早く「地域社会活動」を行ってきました。その後も、「特別支援教育システムの構築」「授業研究会による教師の指導力向上」などの研究事業により、山形大学等の教員との連携を深めてきました。

その連携を表9と表10にまとめてみました。

2 大学授業科目「フィールドワーク」の受け入れ

山形大学地域文化学部では、学部改組時の目玉科目として一年生次の「フィールドワーク」を新設しました。この授業では、学生が戸沢村に出向いて、伝統文化とものづくりや、自然体験や環境保全などを体験します。平成二十九年度は、「戸沢村の超元気印！幸齢者集団の生き様に学ぶ」や「創作太鼓と冬の里山ぐらし体験」を実施しました。

東京大学に進学した三人は、すでに高校一年生になっていましたが、後を受け継ぐ児童生徒は、大学生と共に活動することにより、「僕も大学生になりたい」「私も将来、大学生になったら子供たちにこのような活動を教えてみたい」など、「大学への、あこがれ」が芽生えてきているようです。この地域では、「高校を卒業したら、できれば地元で就職」「勉強したら、

表9　戸沢村と連携する大学教員

連携時期	大学教員名	専門分野	内　　容
平成15年～現在	江間史明（山形大学教職大学院教授）	教育学 社会科教育	・「協同の学び」の授業分析、指導・助言 ・学社融合とカリキュラムに関する指導・助言
平成17年～現在	三浦光哉（山形大学教職大学院教授）	特別支援教育	・スクリーニング、担任等への特別支援教育の指導・助言 ・保護者講演会、保護者面談
平成17年～現在	松﨑　学（山形大学地域教育文化学部教授）	教育心理学 臨床心理学	・Q－Uを使った学級集団構造の理解 ・集団全体、個々への対応についての指導・助言
平成26年～現在	森田智幸（山形大学准教授）	教育学 カリキュラム開発	・「協同の学び」の授業分析、指導・助言
平成27年～現在	佐藤節子（山形大学教職大学院准教授）	教育相談 教育心理学	・Q－Uを使った学級集団構造の理解と指導 ・集団全体、個々への対応についての指導・助言

表10　戸沢村と山形大学が連携して取り組む委託事業

連携時期	研究事業名	研究分野	担当者	内　　容
平成17年4月～現在	エリアキャンパスもがみ「戸沢村プロジェクト推進事業」	学習指導	江間史明（山形大学教職大学院教授）	・戸沢小、戸沢中における「協同の学び」の視点における授業改善について、指導助言をする。
平成21年4月～28年3月	山形大学特別支援教育臨床科学研究所「山形大学地域貢献推進のための取組事業」	特別支援教育	三浦光哉（山形大学特別支援教育臨床科学研究所所長）	・戸沢村の特別支援教育システム化（推進委員会・専門家チームの組織、巡回相談の実施、教員研修、支援計画の作成、判断会議、保護者面談、など）の構築を図る。
平成26年4月～29年3月	文部科学省「地（知）の拠点整備事業」	STEPの研修	松﨑　学（山形大学地域教育文化学部教授）	・子供のやる気を上手に育む親のための勇気づけトレーニングについて学ぶ。
平成25年4月～29年3月	文部科学省「地（知）の拠点整備事業」	特別支援教育	三浦光哉（山形大学特別支援教育臨床科学研究所所長）	・乳幼児児童生徒をスクリーニングして、発達障害児等の早期発見と早期支援を行う。

表 11　戸沢村と山形大学が連携して取り組む授業科目

【前期：フィールドワーク】

「戸沢村の超元気印！幸齢者集団の生き様に学ぶ（戸沢村）」

（「伝統文化とものづくり」分野）

1回目	2回目
【1日目】 5月27日（土）	【1日目】 6月24日（土）
・開校式 ・戸沢村の紹介と伝統食笹巻づくり ・「メダカの学校」メダカ池周辺整備 ・夕食交流会	・ほたる祭りの準備、練習等 ・リハーサル ・ほたる祭りの実施 ・もらい湯による地域住民とのふれあい
【2日目】 5月28日（日）	【2日目】 6月25日（日）
・炭焼き小屋周辺の整備 ・ほたる祭り企画会議 （6月24日山形大学生が地域の「ほたる祭り」を主催する。そのための企画会議を行う。）	・「土の学校」炭焼き体験とピザづくり ・わら細工

【後期：フィールドラーニング】

「創作太鼓と冬の里山ぐらし体験（戸沢村）」

（「地域音楽文化交流」分野）

1回目	2回目
【1日目】 12月9日（土）	【1日目】 1月20日（土）
・開校式 ・角川地区についての説明 ・「角川雪回廊物語」企画書づくり ・漬物づくり体験と地域住民との交流	・「角川雪回廊物語」企画書づくり （展示物作成作業も含む） ・餅つき ・かんじきハイキング
【2日目】 12月10日（日）	【2日目】 1月21日（日）
・「角川太鼓を育てる会」メンバーとの交流 ・角川太鼓演奏披露 太鼓基礎練習 ・各部門に分かれての太鼓曲練習	・太鼓曲練習 ・昼食交流会 ・太鼓演奏発表

家に戻ってこれなくなる」という親の考えも強く、それが学力向上を鈍らせている状況が長年続いてきました。戸沢村に、たくさんの大学生が来て一緒に活動することにより、児童生徒の進学意欲が急激に芽生えてきたことは大きな収穫です。

ポイント

① 大学教員と積極的に連携することで、専門的な知識・技能を得ることができる。
② 大学生と子供たちが一緒に活動することで、大学生に「あこがれ」を抱き、「大学に入りたい！」といった意識が芽生える。特に過疎地域では、子供の意識改革が必要不可である。
③ 大学教員が授業参観して「授業検討会」をすることで、教師の指導方法の改善が図られる。

3 授業研究会（小中連携会議）と学力向上

(1) 山形県最上地区における学校改革ネットワークの展開

筆者は、平成二十四年四月、山形大学教職大学院に着任して以来、最上地区を中心に教師と協同して「専門家共同体」の構築をめざし、学校改革とそのネットワークづくりに参画してきました。最上地区における学校改革の推進の背景には，学校改革の理論と哲学（「学びの共同体」の理論と哲学）と学習科学の理論があります。具体的には、四人グループの机配置を導入し、日常的な授業において「協同的な学び」を実現し、また、教師の学び合いの場としての授業の事例研究を導入しました。授業の事例研究は少なくとも月一回は実施し、教師全員が年間一回、公開することを原則として実施してきました。戸沢村においては、平成二十六年度から戸沢中学校の授業研究会に参加し、教師たちと協同して学校改革を推進してきました。

授業研究会では、「協同的な学び」のデザイン、中でも特に「きき合う関係」づくりと「ジャンプのある学び」づくりに向けたデザインについて学び合ってきました。

教師と共に学んできたことを一つ挙げるとするなら、「わからない」生徒を孤立させないことの重要性があります。「きき合う関係」とは、「わからない」生徒の「わからない」をきっかけとした「わかる」生徒、「わからない」生徒双方が学び合う関係のことです。しかし、グループでの学びの導入当初はうまくいきません。グループでは、答えを早く出す生徒や、すでにわかっていることが多い生徒が、答えを出すのが遅い生徒や、わからない生徒に答えや解き方を伝えることが多くみられます。この時、「わからない」生徒に「わからない」ことを表現するように伝えることも多いです。しかし、「わからない」ことの内実は、なかなか出てきません。ここで「わからなさ」を表現するように求めれば求めるほど、「わからない」ことが出てくる可能性は小さくなっていきます。

こうしたやり取りを見ていると、問題の一つとして、「わからない」生徒は一人だけで「わからない」ことを表現することを求められているという点が見えてきます。グループでのやり取りでは、どの生徒も、自分の「わからない」ことを正確に人に表現できているようには見えません。教師たちの多くも、「わからない」生徒はどこが「わからない」のかが「わからない」ことをよくわかっています。しかし、グループの友達も、教師でさえも、「わからない」生徒に関わるときに、一人だけで「わからない」ことを表現させようとしてしまいます。誰かの「わからない」は、「わからない」本人だけが「わかる」ことではなく、他者と共に探究の結果見えてくる「わからない」であり、探究すべき対象なのです。授業研究会では、授業における学びの事実に潜むこうした問題を、教師たちと共に共有してきました。

具体的な対応についても確認してきました。一つは、教室に点在する「わからない」をつなぐことの重要性です。「わからない」生徒たちは、教室内に点在して存在しています。グループから全体に共有することを教師が試みた際、「困ったことはないか」と問うても出てこないことが多くあります。そこでも一人だけで言わせてしまってはいないか、確認することが重要です。困ったことは、「わからない」生徒だけの問題ではなく、実際には多くの生徒にとって「わからない」ことであるという状況として、全体のやり取りを組織することが教師の重要な役割です。

グループで生徒同士をつなぐ際には、「わからない」ことへの応答の前に、共感と理解を入れたコミュニケーションをつくることが重要でしょう。「なるほど、確かにそれはわからない」という認識と関係の上でグループでのコミュニケーションを展開させることが一人一人の学びの質を高めるポイントになります。また、グループに「わからない」ことが多くなり、行き詰まったときにも、そのときにできることを教師が示すことが重要になります。「わかる」ときには比較的他者とともにできることが多くありますが、授業のやり取りを見ていても、「わからない」ときにできることがまだまだ少なく、また、私たちが具体的に教えられることも少ないです。生徒とともに、「わからない」ときに何ができるのかを探ることが今後の大きな課題です。

(2) 戸沢村の授業研究の展開

戸沢村の授業研究において特筆すべきことは、平成十二年より、日常的な授業における「協同的な学び」の実現と、「学びの共同体」の理論と哲学に基づいた授業研究に挑戦してきたことにあります。

そのきっかけは戸沢村立角川小・中学校の教師たちの挑戦にありました。すべての教師が日常の授業にグループやコの字型の机配置を導入し、プロジェクト型の学びに転換することに挑戦しました。教科の枠組みにこだわらず、問いの魅力を重視し、また、積極的に授業中に「モノ」を持ち込むことなど、それぞれの教師が授業改善に挑戦しました。当時を知る教師は、同僚教師と共に挑戦し、授業を見合う中で「授業とはこういうもの」という固定観念がなくなり、授業づくりに対して前向きになったと振り返っていました。

授業づくりに対する教師たちの意欲を引き出したのは、授業研究会の改善を同時に推進した成果でもありました。授業

小学校の授業研究会

中学校の授業研究会

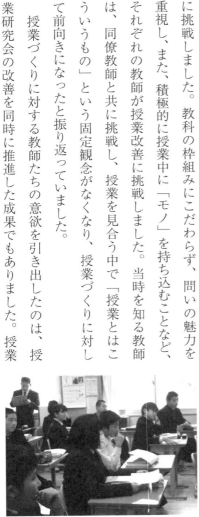

研究会は、その授業の成果と課題を指摘することに終始し、授業者の学びの機会として位置づけられる傾向にあります。それに対して、角川小・中学校では教室の事実に基づき、観察者が学ぶ機会へと転換することをめざしました。当時の教師は、生徒一人一人の表情が見えるように前や横から見る研究会が新鮮であったこと、また、研究授業に臨む際に、自身の授業が批判される場ではないことがわかったことで、授業を研究することが楽しいという経験をしたといいます。

こうした研究は大学の研究者との協同により推進されてきました。角川小・中学校では、「学びの共同体」の理論と哲学の提唱者である佐藤学氏（当時、東京大学教育学部教授）を招き、授業研究会を実施していました。また、その後を引き継ぎ、江間史明氏（山形大学教職大学院教授）が継続的に関わっています。平成二十七年からは、筆者もその輪に加わり、戸沢村の授業研究を教師たちと協同的に推進してきました。

(3) 授業研究会に研究者が関わる意義

学校が大学の研究者と連携して授業研究を推進する意義を、現在の学校、教師が置かれている状況に照らし合わせて確認しておきます。

グローバリゼーションによって社会や経済、政治や文化が大きく変化し、学校、そして教師には、新しい学び方を学ぶ生徒を育成することが求められ、教師の仕事には今までにないほど注目が集まっています。

注目度の高まりは、同時に、教師に対する周囲からの要求の増加も意味します。高まる注目、増える要求の中で、日本の教師は、国際的にみると、宿題や授業に関する質問など生徒の学びに対する個別的な対応や、授業準備など、授業に関わる時間が圧倒的に少ない状況に置かれています。教師の「多忙感」の原因の一つも、増える要求の中で、自らの仕事に対する手応えを感じられないところにあるといわれています（佐藤、二〇一六）。

こうした状況下における授業研究会の役割は、以下の二点において強調されています。

第一に、教師が学び方を学び合う場としての意義です。教師が生徒を送り出す社会は、地域社会や保護者、そして教師自身も経験してこなかった、学び続けることが求められる社会です。学習科学の発展により、わからないことの多かった人の学び方についてわかることが増えてきました。現在、教師は、教科内容の習得にとどまらず、

教師同士の授業研究会

学習科学の理論を基盤として、学び方を教える役割を求められています。すでに明らかになっているように、学校外での研修機会の増加とは裏腹に、教師の学びは学校内において経験されています。学習科学の理論の学びも、授業の事例を通して、同僚と共に学び合うことが重要です。

そして第二に、自らの仕事に対する手応えを分かち合う場としての意義です。授業の事例研究は、同僚と共に、生徒の学びの姿から、その成長やさらなる可能性を解釈し合い、手応えを共有する機会です。戸沢村の授業研究の展開の背景にも、教師一人一人の挑戦に対する手応えと、授業づくりに取り組み学び続ける喜びが背景にありました。

研究者との連携は、これら二点においてますます重要になっているといえます。第一に、研究者は、教室文化における、また、学校文化における他者として、そこに機能する教育理論に自覚的になることや、その挑戦が生み出した意図しない意義を共有するきっかけになる存在です。

授業には様々な教育理論が埋め込まれています。J・S・ブルーナーはそうした理論を「フォーク・ペダゴジー」と

大学教授との授業研究会

呼びました(岡本夏木ほか訳・J・S・ブルーナー著(二〇〇四)『教育という文化』岩波書店)。こうした教育理論は、文化として存在するため、意図しない領域で機能していることが多いのです。「フォーク・ペダゴジー」は克服すべき壁ではありません。むしろ、無意図の領域において機能する理論を読み解くことの重要性を教えてくれる概念です。従来、授業研究会では、授業者の意図的な行為を対象として、目標を達成したかどうかを問うことが多くありました。それに対して重要なのは、授業者が意図的に行うことを問うだけでなく、意図しないところで生じる事実から、共有すべき価値や問題を見つけ出すことです。教室内にいると、また、学校内にいると、その文化を相対化することはなかなか難しいことです。研究者は、学校、教室の文化と異質な文化を持ち込む他者として機能します。なお、このことは、同僚教師とともに授業を見て学び合うことの意義を強調することでもあります。普段授業を担当している、または、担任している教師とは異なる目で授業を見ることの意義は、普段とは異なる生徒の評価、対応の仕方を浮き彫りにしてくれます。

第二に、研究者は、授業研究会の中で、生徒の成長やさらなる可能性をともに読み取る存在として機能します。学校を訪問していると、日々生徒と向き合う教師たちは、生徒の成長に対する漠然とした不安を抱いています。また、課題に対する意識が先行してしまうことも多いように感じます。授業を見ていてよく出会うのは、教師が対応し、背中を向けた後、生徒たちが輝く場面です。教師たちの仕事は、その成果とはなかなか出会いにくい性格を帯びています。一人で授業を担当し、担任していればなおさらです。であるからこそなおさら、授業研究会においては、目の前の生徒の学びの姿から、成長や可能性をよみとり、教師たちと学びの喜びを共有することが重要になります。研究者を含めた学校外の関係者には、問題を指摘し指導する仕事ではなく、問題を共有し、共に学び合うことが求められているといえるでしょう。今後も、授業研究会に参加するたびに、私自身が何を学んだのか、問い続けていきたいと考えます。

ポイント

① 教師の学び合いの場として、授業の事例研究（授業研究会）を月一回は取り入れる。
② 授業研究会は、教師にとって自らの仕事に対する手応えを分かち合う場となる。
③ 大学の研究者と連携することにより、教師は実践に込められた理論を解釈し、実践的理論として理論をつくり直すことができる。

文献

門脇厚司（一九九九）『子供の社会力』岩波新書．

佐藤学（二〇一六）「教育改革の中の教師」『岩波講座　教育　変革への展望4　学びの専門家としての教師』岩波書店、十三－三十四頁．

杉原真晃（二〇一五）「地域と学校の連携による教育経営―学校統廃合後の「通学合宿」の意義の再構築―」聖心女子大学論叢、一二四号、六－四十頁．

三浦光哉編著（二〇一三）『小1プロブレムを防ぐ保育活動 実践編』クリエイツかもがわ．

三浦光哉編著（二〇一四）『「本人参加型会議」で不登校は改善する！』学研．

三浦光哉編著（二〇一七）『5歳アプローチカリキュラムと小1スタートカリキュラム 小1プロブレムを予防する保幼小の接続カリキュラム』ジアース教育新社．

文部科学省（二〇一六）『平成二十八年度特別支援教育に関する調査の結果について』．

文部科学省初等中等教育局特別支援教育課（二〇一七）『特別支援教育資料（平成二十八年度）』．

文部科学省（二〇一七）『平成二十九年度学校基本調査』．

和田秀樹（二〇一七）『「東大に入る子」は5歳で決まる　根拠ある自信を育てる幼児教育』小学館．

おわりに

筆者が戸沢村の保育・教育について本を出版したいと考え、小野和夫教育長の許可を得て、保育・教育関係者に相談したところ、あまり前向きではありませんでした。それは、東北人特有の「控え目」な部分であり、「自慢するようなパフォーマンスはいらない」といった面があるからだと感じました。「特に東京大学に入ったからといって自分は何もしていない」といった、当たり前の考えもありました。一方、他市町村の教育関係者には関心を持たれているように思われました。

このようなことから、原稿を依頼した際に執筆者の方々から少なからず躊躇《ちゅうちょ》されつつも、最後には皆様に多大なるご協力をいただきました。この場を借りて厚く御礼申し上げます。約二十年間を振り返り、その資料を探し出すのに苦労したことと、データを用いた具体的な成果は個人情報もあり、すべてを示すことができない内容もありました。したがいまして、「学力向上をめざす」と言いながら、その数値的な裏付けも制約があり不十分であったことと感じております。

それでも、戸沢村がこれまで実践してきた保育・教育が間違いではなかったことと、今後の教育の在り方を示す方向性にインパクトを与えたと自負しています。家庭の教育力は必要ですが、子供たちが約七～八時間（一日の三分の一）を過ごす保育所・小学校・中学校は、さらに重要であると考えます。保育所↓小学校↓中学校の十数年間、保育・教育がどのように行われるかは、子供の将来を決定づけるといっても過言ではないでしょう。山形県の小さな村でもしっかりと保育・教育ができるということを皆様方に知っていただき嬉しい限りです。

今回は、東京大学に入学したことで、少し誇張した内容となりましたが、その他にも戸沢村出身者はたくさんおります。その方たちもそれぞれの人生に向かって精一杯生きています。

末筆になりますが、快く執筆を引き受けてくださいました保育所・小学校・中学校の先生方、また、戸沢村の教育に携わってこられた関係者の皆様、そして、執筆と資料収集にご尽力をいただきました小野和夫教育長をはじめとする戸沢村教育委員会の皆様、出版をお引き受けくださいました、ジアース教育新社の加藤勝博社長、編集の市川千秋さんに深く感謝申し上げます。

執筆者を代表して　三浦　光哉

執筆者一覧

丹野　哲也（文部科学省初等中等教育局視学官）……………発刊によせて
三浦　光哉（山形大学教職大学院教授）…Ｄｏｏｒ．１、Ｄｏｏｒ．２、Ｄｏｏｒ．６、Ｄｏｏｒ．７の１・２
野口　勝幸（戸沢村教育委員会共育課学社融合主事）
…………………Ｄｏｏｒ．２、Ｄｏｏｒ．５の２、Ｄｏｏｒ．７の１・２
秋保三保子（戸沢村教育委員会共育課課長）……………Ｄｏｏｒ．３の１
進藤恵美子（戸沢村立戸沢保育所所長・神田保育所所長）……………Ｄｏｏｒ．３の２
高橋　恵（戸沢村立神田保育所保育士）……………Ｄｏｏｒ．３の３
小野　和夫（戸沢村教育委員会教育長）……………Ｄｏｏｒ．４の１
市川　重保（戸沢村立戸沢小中学校校長）……………Ｄｏｏｒ．４の２
八矢　広志（戸沢村立戸沢小学校教諭・特別支援教育コーディネーター）……Ｄｏｏｒ．４の３
門脇　瑠梨（戸沢村立戸沢中学校養護教諭・特別支援教育コーディネーター）…Ｄｏｏｒ．４の４
町田　育美（戸沢村立戸沢中学校特別支援教育支援講師）……………Ｄｏｏｒ．４の５
大沼　英記（天童市立山口小学校教頭）……………Ｄｏｏｒ．５の１
沼澤　直人（最上町立向町小学校教頭）……………Ｄｏｏｒ．５の３⑴
大橋　秀幸（戸沢村立戸沢小学校教務主任）……………Ｄｏｏｒ．５の３⑵
安食　秀一（新庄市立八向中学校教頭）……………Ｄｏｏｒ．５の３⑶
柿崎　聖（最上町教育委員会指導主幹）……………Ｄｏｏｒ．５の３⑷
森田　智幸（山形大学教職大学院准教授）……………Ｄｏｏｒ．７の３

編者紹介

三浦　光哉（みうら　こうや）

山形大学教職大学院教授　兼任　山形大学特別支援教育臨床科学研究所所長。宮城県公立小学校教諭、宮城教育大学附属養護学校教諭、宮城教育大学非常勤講師、山形大学教育学部助教授、山形大学地域教育文化学部教授を経て現職。

名古屋市特別支援学校の在り方検討委員会座長、山形県発達障がい者支援施策推進委員会委員、山形県内十一市町村教育委員会の特別支援教育推進委員会専門委員、戸沢村特別支援教育推進委員会顧問・専門家チームなどを歴任。

主な著書に、『特別支援教育のアクティブ・ラーニング』（ジアース教育新社）、『5歳アプローチと小1プロブレム』（ジアース教育新社）、『知的障害・発達障害の教材・教具117（いいな）』（ジアース教育新社）、『「本人参加型会議」で不登校は改善する！』（学研）、『小1プロブレムを防ぐ保育活動（理論編）（実践編）』（クリエイツかもがわ）など多数。

「共育」「特別支援教育」「大学連携」
三つの視点で学力向上！
－山形県の小さな村から東京大学連続入学への軌跡－

平成30年3月7日　初版第1刷発行

編　著　三浦 光哉・山形県戸沢村教育委員会
発行者　加藤 勝博
発行所　株式会社ジアース教育新社
〒101－0054　東京都千代田区神田錦町1-23 宗保第2ビル
TEL 03－5282－7183　FAX 03－5282－7892
(http//www.kyoikushinsha.co.jp/)

表紙デザイン・DTP　株式会社彩流工房
印刷・製本　アサガミプレスセンター株式会社

Printed in Japan

ISBN978-4-86371-458-8
○定価は表紙に表示してあります。
○乱丁・落丁はお取替えいたします。（禁無断転載）